EL ABOGADO
DE ARKANSAS

All inquiries should be addressed to:

Book Domain LLC.
543 E Louise Dr Phoenix, Az 85050

Ordering Information:

Amount Deals. Special rebates are accessible on the amount bought by corporations, associations, and others. For points of interest, contact the distributor at the address above.

Printed in the United States of America.

ISBN-13 Paperback   978-1-970309-98-0
         eBook   978-1-970309-97-3

Library of Congress Control Number: 2026937099

EL ABOGADO DE ARKANSAS

TERRY DRUYVESTEIN

ÍNDICE

AGRADECIMIENTOS

Q UIERO AGRADECER A MI ESPOSA, Loretta, por la paciencia que tuvo para acompañarme en el proceso de plasmar mis ideas en el Arkansas Lawyer. Quiero agradecer a mis hermanos, Karen Spring, Donna Palmer, Mike Druyvestein de Custer, Dakota del Sur, y Virginia Steenson de Stanford, Nebraska, quienes revisaron mis escritos iniciales y me animaron a continuar. Agradezco especialmente a mis amigo de toda la vida que leyeron amablemente mi borrador y también me animaron a finalizar el Arkansas Lawyer: Ken y Barb Hoff de Forest Lake, Minnesota, quienes fueron amigos cercanos de la universidad y compañeros de cuarto hace muchos años, pero con quienes aún mantenemos el contacto. También a Herb y Jean Hannich de Missoula, Montana, con quienes hemos vivido muchas aventuras.

Agradezco especialmente a los abogados, Jaclyn y Justin Daake de Alma, Nebraska, quienes leyeron amablemente mis borradores e hicieron comentarios muy constructivos sobre cómo mejorar el Arkansas Lawyer tanto desde el punto de vista legal como de legibilidad.

PRÓLOGO

H ACE UNOS 2000 AÑOS, UN juez, un gobernador romano llamado Pilato, preguntó a su acusado, llamado Jesús de Nazaret: "¿Eres tú rey?". Jesús respondió: "Para esto he nacido; he venido al mundo para dar testimonio de la verdad; todo aquel que es de la verdad escucha mi voz". Pilato respondió: "¿Qué es la verdad?". Para un cristiano, Jesús dice la verdad. Para los líderes judíos de aquella época, no es la verdad.

La verdad debe ser absoluta, conocida plenamente, aunque solo sea por una deidad. Jesús dijo que vino al mundo para dar testimonio de la verdad. Es importante para nosotros, entonces, como seres humanos, saber que alguien conoce la "verdad". Alguien debe tener una comprensión completa de qué es la verdad. Es importante que un ser humano, que ha sido falsamente acusado y encarcelado, finalmente sea liberado por la verdad. No, me refiero solo a ser liberado de los barrotes de la prisión, sino también a ser liberado del delito por el que ha sido falsamente condenado. Esa persona tiene la necesidad de saber que la verdad no se ha perdido, que la verdad eventualmente saldrá a la luz, que alguien o alguna deidad conoce la verdad y la verdad lo hará libre.

La honestidad suele estar estrechamente asociada con la verdad. Una persona honesta suele definirse como alguien que dice la verdad. Pero la honestidad a veces es verdadera y a veces no. Un testigo ocular, por ejemplo, puede decir la verdad tal como la ve, pero los testigos oculares se equivocan notoriamente. La honestidad tiene más que ver con nuestra cualidad humana, con cómo "nosotros" vemos honestamente la verdad, que con lo que la verdad realmente es. La verdad absoluta, aquella que solo Dios conoce, a menudo es desconocida para el hombre, pero aun así tenemos este deseo interior y nos esforzamos por encontrarla.

Entonces, ¿por qué es tan importante la verdad? ¿Para qué es importante? ¿Es importante la verdad para un juez o un jurado para que se haga justicia? La justicia, al menos la verdadera, solo se puede impartir si se tienen los hechos "verdaderos" y el juez los escucha. Por eso los testigos juran, a menudo con la mano sobre la Biblia, que "dirán la verdad, toda la verdad y nada más que la verdad, con la ayuda de Dios". Entonces, ¿por qué jurar "con la ayuda de Dios"? Es porque reconocemos que solo Dios conoce la verdad real y le imploramos que nos ayude a decirla lo mejor que podamos. La verdad, entonces, es la piedra angular de nuestro sistema de justicia. Sin encontrar la verdad, un juez no puede impartir justicia.

A menudo escuchamos que una persona comete algún acto perjudicial "porque es legal hacerlo". Vivimos en una sociedad donde la medida para hacer casi cualquier cosa es si es "legal hacerlo". Eso no es suficiente. Nunca hay suficientes leyes escritas para regular todas las acciones en una sociedad. De joven, vi a mi padre completar muchos proyectos de construcción, principalmente para agricultores de Dakota del Sur, simplemente dándoles la mano y diciendo: "Bien, tenemos un acuerdo". La honestidad y la veracidad eran "insignias de honor", y si un empresario, en particular, no lo era, pronto se le consideraría carente de carácter moral y no podría seguir en el negocio. Este era un gran sistema, al menos para Contratos pequeños, y aún sirven a muchas personas de diversas maneras. Ahora, muchas cosas son más complejas y, como resultado, trabajamos bajo un "sistema legal" donde cada persona tiene su propio abogado que redacta un contrato legal, a menudo con mucha letra pequeña, y el criterio de medida es "si algo es legal" y no "si algo es justo". Para que el antiguo sistema funcionara, ambas partes debían ser justas y sinceras entre sí, y seguir siéndolo. Sí, entonces, como ahora, existían estafadores que perjudicaban a los negocios y también a los consumidores, pero a menudo me pregunto si no estaríamos mejor sin todas las exenciones de responsabilidad, el lenguaje legal y la terminología engañosa que ahora se usa en casi todos los contratos. Debido a nuestra percepción de que "si es legal, tiene que estar bien", estamos atrapados en una situación en la que nos escondemos tras lo legal para protegernos de la verdad. Sí, nuestra profesión legal a menudo utiliza la legalidad de la ley para evitar que prevalezca la verdad en lugar de ayudar a encontrarla. En este libro encontrará a gente que hace precisamente eso. Me gustaría examinar nuestro sistema judicial. En Estados Unidos solemos decir que "nuestro sistema judicial puede no ser perfecto, pero es el mejor que existe". Debo decir que esa actitud pone el listón demasiado bajo. Nuestro sistema legal no es tan perfecto como para no esforzarnos siempre por mejorarlo. Veo muchas cosas que son legales solo porque existe una ley que lo establece para un interés particular. A veces, estas leyes deben cuestionarse. A veces, estas leyes, aparentemente buenas al principio, terminan siendo objeto de un grave abuso. En definitiva, como sociedad, debemos estar atentos para mantener nuestras leyes justas y equitativas, especialmente en estos tiempos de la era electrónica o informática. Nuestra forma de actuar cambia día a día. Tenemos registros de cosas que nunca antes hubiéramos soñado: registros GPS de la ubicación personal, registros telefónicos, registros bancarios al alcance de la mano; toda esta información puede utilizarse para descubrir la verdad o para ocultarla. Este es un objetivo en constante movimiento que siempre necesita ser analizado. En este libro encontrará leyes obsoletas que fueron un obstáculo más que un amigo de la justicia.

Nosotros, como humanos, necesitamos una vía para obtener justicia. Como mencioné antes, diría que este es un rasgo humano especial. Está específicamente en nuestro ADN humano y no se encuentra en otras criaturas. El sentido de la justicia está reservado para la raza humana. Dicen que el perro es "el mejor amigo del hombre". Un perro no necesita justicia para servir a la humanidad. Si no estás de acuerdo, simplemente lleva a tu perro y a tu esposa u otro amigo cercano, enciérralos en el maletero de tu coche y conduce un par de horas. Luego abre el maletero y observa cuál de los dos mueve la cola y se alegra de verte. El perro solo quiere ser tu amigo, sin importar cómo lo trates. Tu cónyuge, por otro lado, buscará justicia y aprenderás una lección costosa. Esto es solo un ejemplo; nunca encierres a tu cónyuge en el maletero. Si no lo reconoces, es una exención de responsabilidad legal.

Webster define la justicia como la administración de lo "justo" mediante la asignación de recompensas o castigos merecidos. También, la administración de la ley. Justicia y rectitud. En una sociedad justa, buscamos justicia y veracidad en nuestras leyes. Nuestras leyes deben ser justas y equitativas para todos. Dependemos de testigos que digan la "verdad". Por eso juramos "decir la verdad, toda la verdad y nada más que la verdad, con la ayuda de Dios". Para que nuestro sistema de justicia funcione, debemos decir la verdad. Necesito presentarme. Me llamo Terry; nací en 1941, cuando nuestro país entraba en la Segunda Guerra Mundial. Ahora tengo 79 años, pero esta historia no trata sobre mi vida. Sin embargo, es una historia que abarca toda mi vida, desde algunos de mis primeros recuerdos de la infancia hasta ahora, mientras escribo este relato. Es una historia sobre mi padre y la relación que él y nuestra familia tenían con su hermano. Trata sobre los deseos y peticiones que cada uno de ellos me hizo al final de sus vidas y cómo se cumplieron. Es una historia sobre cómo "lo legal" puede ir en contra de la justicia. Trata sobre personas unidas por lazos familiares que no encuentran justicia debido a la esquiva inseguridad de algo llamado "verdad". También trata sobre el sistema judicial y cómo la verdad, o la ausencia de ella, puede impedir que se haga justicia. Trata sobre cómo nuestro sistema judicial a menudo prioriza la legalidad de los asuntos y, como resultado, falla lamentablemente a la hora de encontrar la verdad.

Esta es una historia real. Como suele decirse, "Hay cosas que no se pueden inventar". Quizás se pregunten cómo pudieron, por casualidad o incluso por diseño, suceder como sucedieron. Pero les aseguro que los hechos son ciertos y que a menudo tendrán que sacar sus propias conclusiones, leyendo entre líneas, para determinar si las cosas sucedieron por casualidad o si alguien intervino en secreto, influyendo en el resultado. Primero, les daré algunos antecedentes sobre las personas y sus deseos. Segundo, a lo largo de toda la historia, les daré mi opinión, desde la perspectiva de un profano, sobre cómo la "ley" no es sinónimo de "justicia" y cómo, en la práctica, debemos tener la verdad para obtener justicia. Intentaré no aburrirlos con tecnicismos legales, ya que no soy abogado y no comparto su comprensión de lo que constituye la justicia. La profesión jurídica busca obtener justicia, conforme a la ley. Yo veo la justicia como lo que se recibe cuando se conoce la verdad. Creo que soy una persona de buen sentido común y distingo el bien del mal, como creo que la mayoría de la gente en nuestro país lo sabe, pero lamentablemente no siempre lo practica. Los invito a reflexionar sobre cuál es la "verdad" y cómo debería ser la justicia si la codicia y la envidia no descarrilaran el sistema.

Dije que soy una persona honesta. Quizás equiparo honestidad con justicia. ¿Te consideras una persona honesta? ¿Justa? Creo que la mayoría nos consideramos. ¿Volverías a la tienda donde acabas de comprar para devolver un dólar al dependiente que te dio cambio de más? ¿Te importa? Debería serlo para todos, porque esa es la base de la justicia. Al fin y al cabo, no se trata del dólar, sino del principio. Un dependiente te dio cambio de más y no te corresponde. Obviamente, no vale la pena interrumpir tu agenda por un mísero dólar, pero es lo correcto y ojalá más gente lo hiciera porque "es lo correcto". Una vez me sobraron 100 dólares al sacar efectivo del banco. Era una cantidad considerable. ¿Lo devolví? Pues sí, simplemente volví corriendo por el autoservicio y le dije al dependiente: "No me dio el cambio correcto para mi cheque". Al principio, se molestó un poco por haberla acusado de cometer un error. Cuando le dije: "No, me diste $100 extra", se mostró más amable. Me lo agradeció mucho, diciendo que se lo descontarían de su salario al final del día. Verás al leer este libro que no me gustan mucho los banqueros. Pero sí me gusta la gente, sobre todo la gente con principios, y creo que debemos tratarnos con justicia y respeto, incluso cuando no estemos de acuerdo.

¿Te dije que soy ingeniero? No, no me refiero an alguien que conduce un tren. Soy ingeniero civil, o al menos esa fue mi profesión durante unos 50 años. Todavía trabajo un poco, operando una planta de tratamiento de agua potable y aguas residuales para la urbanización donde vivo. Bueno, tengo una pequeña anécdota sobre un "ingeniero mecánico", pero ilustra mi punto sobre cómo percibimos las diferentes profesiones.

Había un ingeniero mecánico que murió, supongo de viejo, y se levanta hasta donde ve a San Pedro en las Puertas del Cielo. Bueno, parece que San Pedro busca y busca en los registros y no encuentra su nombre. El ingeniero, ya bastante nervioso, pregunta: "¿Qué significa esto, que no encuentras mi nombre en los registros?". San Pedro responde: "Bueno, esto significa que debes bajar allí, ya sabes, donde están Satanás y el infierno". Y eso es lo que sucede. Bueno, todo se vuelve inusualmente tranquilo en el infierno, y cuando el infierno se calma, San Pedro se pone nervioso, así que llama a Satanás para hablar. Dice: "Todo está tranquilo ahí abajo, Satanás, no hay tanto llanto ni crujir de dientes como de costumbre". Satanás dice: "Bueno, tenemos a un nuevo ingeniero mecánico aquí abajo, que nos ha hecho un dispensador de agua que nos ha dado agua para saciar la sed y refrescarnos la lengua, y ahora está trabajando en una serie de aires acondicionados para refrescar un poco más. Sí, las cosas pintan mejor". Bueno, San Pedro dice: "¡Eso debe haber sido un error! El ingeniero nunca debió haber sido enviado allí, mándenlo de vuelta aquí". Satanás dice: "No, ustedes lo enviaron aquí y nosotros lo retenemos". San Pedro dice: "Bueno, tuvo que haber un error en los registros, ¡mándenlo de vuelta aquí o lo demandaré!". "Sí", dice Satanás, "¿y dónde van a conseguir un abogado?".

Si eres abogado, quizás digas: "Qué broma tan horrible", pero probablemente ya la hayas oído antes. ¿Por qué? Porque los abogados se han ganado una mala reputación por su honestidad y por decir la verdad, y, por desgracia, es, al menos en parte, merecida. Es merecida porque hay demasiados en la profesión legal que ocultan la verdad "ocultándose tras la ley". Debería ser al revés; deberíamos usar la ley para encontrar la verdad. No siempre ha sido así. Los abogados y los jueces, en particular, eran profesiones muy respetadas cuando se fundó nuestro país. Si bien muchos aún los respetan, existe una continua erosión de la confianza en nuestro sistema legal y en quienes lo dirigen.

Siendo honestos, o al menos justos, los abogados son solo una parte del problema. La sociedad exige demasiado los servicios de los abogados y somos demasiado litigiosos. Parece que deberíamos ser mucho más rápidos para resolver nuestros asuntos sin una batalla legal en un tribunal. La mayoría de las veces, ninguna de las partes gana. Ambos pierden en términos de dinero, noches de insomnio y actitudes implacables.

Si todos dijeran la verdad, impartir justicia sería bastante fácil, ¿no les parece? Bueno, al menos sería mucho más fácil. ¿Por qué? Los testigos juran decir la verdad, pero, por otro lado, pueden incluso ser persuadidos por otros que consideran que su trabajo es ganar y no encontrar la verdad. A los testigos se les dice, o al menos oímos que se les dice, que no mientan. Mentir bajo juramento sería perjurio. Pero, por otro lado, puede ser aceptable manipular un poco lo que dicen. Nuestros políticos son maestros en esto. A menudo, hay tanta manipulación que es imposible distinguir la verdad de una mentira descarada. Vivimos en un clima político lamentable. Si un juez o un jurado ya no puede esperar que un testigo diga la verdad, ¿cómo se puede impartir justicia? Digo "ya no" como si insinuara que la gente ya no es tan veraz como antes. Me refiero más bien a los líderes de nuestro país, que definitivamente no son tan honestos como antes. Solía haber "estadistas", personas de gran carácter moral, y los respetábamos, no solo por el "ejemplo personal" que nos daban, sino también por respeto al cargo que ocupaban. Casi no puedo pensar en un solo político al que ahora pueda llamar estadista.

Estos son nuestros líderes, ejemplos para nuestro sistema de justicia, y la mayoría son abogados. ¿Cómo podemos tener éxito como una nación justa si tenemos ejemplos tan pobres que seguir? Los políticos que dominaron las noticias el año pasado fueron quienes dirigieron las audiencias del juicio político en preparación para el juicio del presidente Donald Trump. Los políticos estaban en su apogeo, tanto en partidos políticos como en la Cámara de Representantes, donde Jerry Nadler presidía uno de los comités de la Cámara. Observé que durante esta audiencia, se le preguntó al representante Nadler por qué los testigos no estaban jurando sobre la Biblia y se les pidió que repitieran el juramento de decir la verdad, toda la verdad, "que Dios los ayude". No recuerdo quién desafió al presidente, pero la respuesta del representante Nadler me quedará grabada en la memoria durante mucho tiempo. Dijo que ya no pedía a la gente que jurara sobre la Biblia porque no era necesario y que Hizo que algunas personas se sintieran incómodas. Bueno, ¿por qué sería incómodo hacerlo? Supongo que hacer un juramento y pedirle a nuestro Creador que nos ayude a recordar y responder con sinceridad a las preguntas es un insulto para algunos. Los redactores de la Declaración de Independencia y la Constitución de los Estados Unidos eran en su mayoría creyentes en un-Dios. Así, comienza diciendo: «Consideramos que estas verdades son evidentes: que todos los hombres son creados iguales; que son dotados por su Creador con ciertos derechos inalienables; que entre estos están la vida, la libertad y la búsqueda de la felicidad». Creo que honrar a los estadistas que arriesgaron su vida para formar nuestra Constitución y reconocer en nuestros documentos fundacionales la existencia de nuestro Creador es razón suficiente para continuar nuestra tradición de hacer un juramento a Dios antes de dar testimonio. La verdad es importante, «que Dios me ayude».

CAPÍTULO UNO

La Familia

E RA UN CALUROSO Y DESPEJADO día de primavera en Ft. Smith, Arkansas, cuando mi esposa Loretta y yo bajamos del avión y cruzamos la pista para ser recibidos por mi tío Humpy. Al abrazarnos, Humpy dijo: «Siento mucho no haberte prestado el dinero cuando lo necesitabas». Enseguida supe a qué se refería y le respondí: «No te preocupes, Humpy, nos las arreglamos y todo salió bien». A lo que se refería había sucedido hacía 25 años y no nos habíamos visto en persona en todos esos años. Nos mantuvimos en contacto a lo largo de los años con llamadas telefónicas esporádicas y, por supuesto, tarjetas de Navidad, pero nunca hablamos de la petición que le hice tras el fallecimiento de mi padre, su hermano Tom, dos décadas y media antes. Que él iniciara nuestro tan esperado reencuentro cara a cara con esas palabras fue, por decirlo suavemente, una declaración muy seria, algo que debió de perturbarlo profundamente. Nuestra familia y sus amigos cercanos en Arkansas siempre llamaban "Humpy" a Herman John. Sus socios en la industria de la construcción lo llamaban H. J. Druyvesteyn. Humpy y mi padre, Tom, siempre fueron hermanos muy unidos. Tom nació en 1918 y Humpy en 1921, y ambos trabajaron en la industria de la construcción pesada durante toda su vida. Trabajaron juntos para Western Contracting en Sioux

City, Iowa, en los años previos a la Segunda Guerra Mundial. Ambos crecieron cerca de Rock Valley, Iowa, y Tom fue el primero en conseguir trabajo en Western. Tom era muy respetado y pudo ayudar a su hermano a incorporarse al equipo como operador de maquinaria. Tom estaba casado con Ione y formaron una familia mientras Humpy era soltero cuando fueron a Ft. Smith a trabajar en el Campamento Chaffee. El gobierno necesitaba urgentemente construir campos de entrenamiento militar y había una gran demanda de contratistas que pudieran realizar el trabajo rápidamente. Largas jornadas y escasas viviendas disponibles eran lo que los hombres enfrentaban cuando trabajaban en estos campos. Tom compró una caravana de 4,8 metros y allí alojó a su familia, compuesta por su esposa Ione y sus dos hijos, Yvonne y Donald, de uno y tres años. En 1940, terminaron la nivelación del terreno y las obras de infraestructura en Camp Chaffee y continuaron con la construcción de Ft. Leonard Wood en Misuri. Fue allí donde nací en 1941.

Tras el Fuerte Leonard Wood, tanto Humpy como Tom se unieron al ejército para ayudar a luchar por su país. Humpy se alistó primero y luchó en el frente europeo. Con tres hijos, Tom se alistó después y luchó en el Pacífico, participando en la liberación de Filipinas, Luzón y las islas Pyukyu. Tom fue dado de baja en 1946 tras alcanzar el rango de Sargento Mayor.

Después de la guerra, Humpy regresó a Arkansas, donde se dedicó de nuevo a la construcción. Tom regresó a Dakota del Sur, donde su familia pasó los años de la guerra cerca de los suegros de su esposa, John y Nellie Buckles, en Corsica, Dakota del Sur. El primer recuerdo de mi vida es cuando mi padre regresó de la guerra en 1946. Yo no tendría ni cinco años, pero recuerdo claramente a este hombre uniformado que llegó a nuestra casa y causó un tremendo trastorno en nuestra forma de vida. Lágrimas de felicidad quizás, pero más ansiedad de la que podía soportar sin que afectara mi memoria. Otra cosa que recuerdo, y que ocurrió casi al mismo tiempo, fueron los servicios conmemorativos en el cementerio de

Córcega, donde mi madre y mis abuelos lloraban y estaban muy consternados. Esto se debía a que mi madre había perdido a un hermano y mis abuelos a su hijo mayor. Alan Buckles murió en combate en el Pacífico. Resultó herido y fue enviado de vuelta a un hospital para su recuperación. No quería abandonar su unidad, pero envió un mensaje diciendo que estaba bien y que ansiaba volver a casa. Mis abuelos recibieron esta noticia con alegría y se quedaron atónitos al enterarse poco después de que los japoneses habían bombardeado el hospital y que Alan había muerto.

Tras la guerra, los hermanos siguieron vidas separadas. Tras regresar a Arkansas, Humpy se casó con una sureña llamada Virginia Helms y abrió su propio negocio de construcción, trabajando principalmente con maquinaria de movimiento de tierras. Tom se estableció como mecánico y herrero en Corsica, Dakota del Sur, ciudad natal de su esposa. Tenía cuatro hijos, ya que Karen nació en la familia en 1944. En 1947, gracias a sus excepcionales habilidades y formación en mecánica y soldadura, Tom fue contactado por Western Contracting, empresa para la que había trabajado antes de la guerra. Iba a trabajar como mecánico para un contrato que tenían para completar el movimiento de tierras en la presa de Ft. Randall, construida en el río Misuri. La presa no estaba muy al oeste de Corsica, así que aceptó. Esta sería la segunda presa en el río Misuri y aún respalda el undécimo embalse más grande de Estados Unidos. Ft. Randall iba a ser una presa de relleno de tierra, y el trabajo encajaba perfectamente con Western Contracting y la experiencia de Tom con maquinaria de movimiento de tierras. Tom se convertiría con el tiempo en el superintendente principal de equipos, a cargo del mantenimiento de todos ellos, incluyendo dragalinas, palas mecánicas, camiones Euclid, motoniveladoras, trituradoras y dragas fluviales. El proyecto fue un actor clave en una serie de presas que se construirían bajo el Plan Pick-Sloan para el río Misuri. Fue autorizado por la Ley de Control de Inundaciones y tardaría varias décadas en completarse.

En ese momento, nuestra familia tendría seis hijos: Donna en 1947 y Mike en 1951. La séptima y última, Virginia, nacería en 1955. En 1952, nuestra familia se mudó a una casa en el sureste de Dakota del Sur, ubicada a orillas de un refugio de aves acuáticas llamado Lago Andes. Ahora estaríamos a solo cinco kilómetros del pueblo de Lago Andes, y mi padre estaría 38 kilómetros más cerca de su trabajo en la presa de Ft. Randall. La familia estudiaba en el pequeño pueblo de Ravinia, donde algunos de los trabajadores de la presa podían encontrar alojamiento. Recuerdo a un estudiante un año mayor que yo, llamado Tom Brokaw. Se hizo famoso como presentador de noticias de televisión nacional. Si tienen la edad suficiente, lo reconocerán. Su padre también trabajaba en la presa.

Fue en Córcega y el lago Andes donde recuerdo especialmente la estrecha relación de mi padre con su hermano Humpy. Humpy venía de visita todos los años durante la temporada de caza de faisanes en Dakota del Sur. A los hermanos les encantaba cazar y pescar. Era una afición común que unía a muchas familias. La población de faisanes en Dakota del Sur era alta y la caza, excelente. Había varios parientes cerca de Córcega que tenían granjas y abundantes faisanes que compartían. Los hombres bromeaban y se burlaban entre sí cuando alguno fallaba un tiro. Impresionaban a un jovencito que quería cazar, pero al principio era demasiado pequeño para hacerlo. Pero yo solía ir con ellos para aprender de ellos y para aprender a almorzar en el campo con sándwiches de bratwurst y mostaza, salchichas vienesas, sardinas, queso y salami, además de patas de cerdo encurtidas y todo tipo de cosas que mi madre nunca me daba de comer. Todavía puedo oler el humo de las escopetas, y sobre todo el olor a perros, los campos y los pájaros. La vida era buena y los hermanos eran lo más unidos posible en una época en la que el trabajo lo era todo y el ocio era secundario. Éramos una familia numerosa con siete hijos. Éramos pobres según la mayoría de los estándares, pero la mayoría de las familias de nuestra zona tampoco eran ricas. A los niños no les importaba o, más probablemente, nadie se fijaba demasiado en tu aspecto "pobre" cuando rara vez aparecías con una "prenda nueva" para ponerte. Nos encantaba ver venir a Humpy y a su primera esposa, Virginia. No estoy seguro de si era porque nos caían muy bien, ya que Humpy era un tipo divertido y le encantaba bromear con nosotros, los niños, pero quizás también porque siempre nos traían regalos. Humpy y Virginia no tenían hijos ni podían tenerlos, así que nos trataban con cariño y nos encantaba. Mis hermanas recuerdan que Humpy le dijo una vez a mi padre: "Tom, puede que no seas rico en dólares, pero sí que eres rico con familia". Era un buen cumplido desde cualquier punto de vista, y cuando miro hacia atrás, puedo ver con certeza que era cierto.

Cuando se terminaron las obras de tierra en Fort Randall a finales de 1953, mi padre montó su propio negocio de excavaciones. Era un negocio difícil y era difícil ganarse bien la vida. También teníamos un negocio de cebo en el lago y un amigo carpintero nos construyó unos barcos de madera para alquilar. Era un lugar estupendo para crecer entre gente de base y disfrutar de una excelente pesca y caza de aves. Pero Tom quería lo mejor para su familia y cuando Humpy le pidió que fuera a Arkansas a trabajar con él, aceptó. Humpy dijo que tenía mucho trabajo y que Tom podría salir adelante en Fort Smith, Arkansas. Así que, en septiembre de 1955, empacamos todas nuestras pertenencias, cerramos la casa en Lake Andes y nos mudamos a Fort Smith.

A mi familia le costó adaptarse a la vida de "gran ciudad" en Fort Smith. Don, el hijo mayor, empezó a trabajar conduciendo un camión para-Humpy. Yvonne cursaba el tercer año de secundaria. Yo cursaba noveno grado en la escuela secundaria Ramsey. Karen y Donna estaban en primaria. No nos adaptamos muy bien a nuestro nuevo entorno. Solo puedo hablar por mí cuando digo que me costó mucho adaptarme a una escuela con más de 2000 alumnos. Viniendo de Ravinia, donde mi clase tenía unos 20 alumnos, me sentí abrumado. Ramsey era una escuela segregada, una situación que desconocía. El primer día que fui a clase, mis primos Jimmy y Jerry Helms me enseñaron los alrededores. Me indicaron dónde podía ir y dónde no. Había pandillas y dentro de ellas había un orden de autoridad, y los chicos que no pertenecían a pandillas, como yo, teníamos que mantenernos alejados. Uno se mantenía alejado de los problemas, y yo tenía que tener cuidado de no insultar a nadie. Teníamos nuestro propio "chico genial" al que imitar. Se llamaba Donald Bolton. Conducía una Harley, vestía una camiseta blanca y una chaqueta de cuero. Tenía una naturalidad que lo diferenciaba de todos nosotros, los "tontos", así que lo idolatrábamos y, en muchos sentidos, intentábamos, sin éxito, imitar algunos de sus gestos, como enrollar el paquete de cigarrillos en la manga de la camiseta.

Sobreviví a mi primer año de escuela, pero estaba feliz de tener libre el verano. Había vivido la segregación, pero no había aprendido la lección. Vivíamos en las afueras de Ft. Smith, cerca de Barling, y la zona era rural en aquel entonces. Había una gasolinera local donde los niños se reunían para jugar al pinball. Era la tienda de la Carretera 22. En la tienda solía haber anuncios de trabajo. Vi un anuncio donde se necesitaba ayuda para recoger fresas y un autobús recogería a cualquier interesado el sábado a las 7:00. Sin consultar a nadie, me lancé. Debería haberme dado cuenta de que podría haber un problema cuando subí al autobús y descubrí que era la única persona de piel clara. Este hecho me pasó desapercibido y prácticamente todos me ignoraron hasta que llegué a la granja donde íbamos a recoger fresas. Por suerte, había una mujer bastante corpulenta pero muy amable que me llevó aparte y me hizo algunas preguntas. Cuando se dio cuenta de que no sabía absolutamente nada de recolección, me enseñó algunos trucos. Dónde estaban las canastas, cómo recogías la fruta, cómo las apilabas en cada recipiente de un cuarto de galón para no dañarlas y cómo llevabas la cuenta de las tuyas para cobrar. Me costó mucho. Era un trabajo duro y había que saber lo que hacías y ser eficiente. No gané mucho dinero ese día, pero la lección principal del día estaba por llegar. Cuando mi tía

Virginia se enteró de que trabajaba con la gente "pobre", no le gustó mi espíritu emprendedor. Nuestra familia no se dio cuenta, pero pronto aprendimos que no era apropiado mezclarse con la gente "de color", y que yo, en particular, mejor no volver a hacerlo.

El verano en Ft. Smith era interesante, como mínimo. Quizás a mi tía Virginia le costaba relacionarse con la gente de color, pero yo no tenía esos recelos. Tenía un amigo que se apellidaba "Ingram". Quizás fue insensible, pero solo por ignorancia y no por malicia, que se hiciera llamar "Inke", y algunos lo llamaban "Mancha de Tinta". Nunca lo asocié con el color de su piel; sin embargo, al mirar atrás, veo que fue una ignorancia por mi parte no hacer la conexión. Pero Inke era un buen amigo. Comprábamos "Ensalada Polk (Poke)" para la tienda de la Carretera 22. Era bastante rentable y siempre intentábamos sacar algo de dinero. Solo vendían las hojas de ensalada Polk a principios de primavera, ya que se decía que se volvían venenosas al madurar. Las hervían y escurrían varias veces antes de freírlas en aceite. Una vez la comí frita en grasa de tocino y luego mezclada con frijoles de ojo negro. Creo que era un remanente de los tiempos difíciles, cuando cualquier alimento era apreciado. No diría que lo volvería a comer.

La familia Herman Druyvesteyn
Arriba; H.J. Humpy, Frank, Tom (centro); Etta,
Agnes (abajo); Adrian, Jennie, Herman

Familia Tom Druyvestein de 1969
Arriba; Mike, Yvonne, Karen, Terry-abajo; Gin, Ione, Tom, Donna

Las cosas no le salieron bien a mi padre trabajando para su hermano. Humpy encontró en mi padre al mejor mecánico de equipos del mundo y quería que Tom se encargara del mantenimiento de sus equipos y no compitiera con él por trabajos de excavación. Pronto se dieron cuenta de que trabajar con su hermano en el sector de la construcción no iba a funcionar. Eso, sumado a un grupo de chicos descontentos que querían volver a Dakota del Sur, donde tenían amigos, convenció a mi padre de empacar sus cosas y, después de exactamente un año, regresamos a Lake Andes. Todos aplaudimos durante todo el camino de regreso a casa. Como cuando nos mudamos, viajamos de regreso con mi padre conduciendo la retro-excavadora, yo conduciendo el camión de soldadura de paneles lleno de ropa y artículos personales, y mi madre conduciendo el coche familiar con cinco de los niños. No parábamos en restaurantes ni moteles. Acampábamos y comíamos de las bolsas del supermercado. Así ahorrábamos dinero para la gasolina. En Missouri, sin impuestos a la gasolina, comprábamos gasolina a $0.18 el galón. No hace falta decirlo, pero un dólar valía mucho más en aquellos tiempos, pero también era más difícil conseguirla. Nos fuimos en septiembre y

Humpy vino a cazar faisanes en octubre. No sé si mi padre y Humpy tuvieron desacuerdos por su separación, pero si los tuvieron, no nos lo dijeron a los demás. Por lo que a mí respecta y que yo sepa, eran hermanos y seguían siendo los mejores amigos. Humpy venía a cazar faisanes y, cuando nos mudamos a las Black Hills, en el oeste de Dakota del Sur, en 1958, Humpy venía cada otoño a cazar ciervos.

Una cosa que me encantaba, pero que en aquel entonces probablemente no apreciaba lo suficiente, era la cercanía que teníamos como familia. Éramos pobres, pero sin duda nos manteníamos unidos. Todos volvíamos a casa por Navidad; todos reavivábamos nuestra relación y nos poníamos al día con lo que pasaba en la vida de los demás; todos nos interesábamos por los hijos de los demás. Jugábamos al Monopoly y a juegos de preguntas y respuestas, y mis cuatro hermanas nos hacían reír a carcajadas con su peculiar sentido del humor. Nuestra madre se lo transmitía, pues siempre estaba "en el centro" de ellas, pero nosotros, aunque alegres en muchos sentidos, nunca podíamos igualar su ingenio. Yo volvía a casa dos veces al año, pero sobre todo nunca me perdía la Navidad. No fue hasta que mis dos hijos estaban en el instituto que por fin me perdí una Navidad con mis hermanos. Mis hijos se involucraron tanto en sus propias vidas que tuvieron que renunciar a viajar a Dakota del Sur en Navidad. Supongo que así es como debe ser.

Así fue hasta diciembre de 1970, cuando murió mi padre. Mi padre nunca fue al médico. "Nunca tuvimos el dinero", decía, y era duro, sin duda. Pero ser duro no basta cuando se sufre un ataque de cáncer. Mi padre supo que había un problema grave cuando sintió dolores en el estómago y empezó a sangrar mucho. Siendo veterano y teniendo un Hospital de Veteranos en Hot Springs, a solo 34 kilómetros al sur de nosotros, finalmente accedió a hacerse una revisión.

Lo operaron de cáncer de colon, pero no tenía buena pinta. El cáncer se había extendido al hígado y, en aquel entonces, no operaban de hígado. Yo vivía en Missoula, Montana, y como mencioné, solía volver a casa dos veces al año. Así que, cuando papá se acercaba al final, volví para ayudar a mi madre con su cuidado. Papá quería estar en casa, no en el hospital. Estuve en casa en diciembre y le ponía analgésicos a papá aproximadamente cada cuatro horas. Recuerdo que hacía muecas de dolor y me pedía que le pusiera una inyección. Yo miraba el reloj y, si aún no eran cuatro horas, se lo decía y no se la ponía. Mi papá entonces decía: "Bueno, vale, puedo esperar". Ahora, al recordarlo, veo lo estúpido que fui. Ahora, con dolor intenso, los médicos permiten inyecciones cuando las personas las necesitan. ¿Alguna vez has hecho algo que desearías cambiar? Debo decir que, para mí, esto fue una de esas cosas. Poco antes de Navidad, le dije a mamá que tenía que volver a Missoula a buscar a mi familia y que luego volveríamos para Navidad. Quería saber si estaría bien hasta mi regreso. ¡Qué pregunta tan tonta! Odiaba poner inyecciones. Yo también, de hecho. Las poníamos en el brazo y el tejido muscular se endurecía como el cuero. A menudo era muy difícil clavar la aguja. Dijo que intentaría arreglárselas, pero que estaba casi al límite de sus fuerzas, y en retrospectiva, no teníamos muchas otras opciones.

Antes de irme, entré en la habitación de mi papá y hablé con él. Es curioso que ahora, después de haber vivido en la misma casa gran parte de nuestras vidas, estuviéramos teniendo una conversación sincera. Mi papá tenía solo 52 años y yo 29. Le pregunté si podíamos orar antes de irme. Me dijo que sería bueno. Papá se crio en un hogar cristiano fuerte y se había esforzado por mantenerse fiel a lo largo de los años. Se alejó cuando aún vivíamos en el lago cerca del lago Andes, debido a la visita de los ancianos de la iglesia. Habían oído que habíamos estado "vendiendo carnada" y "alquilando botes" los domingos. La verdad es que los domingos eran nuestros días más importantes. Bueno, parece que estábamos contribuyendo a la caída de otros que preferían ir a pescar en lugar de ir a la iglesia los domingos. Si quería seguir siendo un miembro activo de la iglesia, tendríamos que cerrar la tienda los domingos.

El hecho de que la mayoría de los ancianos fueran agricultores y "tuvieran" que trabajar los domingos, cuando los cultivos estaban listos para la cosecha, no les importaba. Cuando el Señor maduraba los cultivos, había que cosecharlos, ya fuera el domingo o lo que fuera. Nuestro negocio no era el mismo y no debía estar abierto. Papá, en cambio, y sobre todo mi mamá, se encargaban de que los hijos fuéramos a la iglesia y nos confirmáramos en la fe. Así que, cuando mi papá aceptó orar conmigo, fue la primera vez en mi vida que lo hicimos juntos. También fue la primera vez que mi papá reconoció que pronto moriría. Siempre se había esforzado por ser fuerte y nos dijo que "vencería este cáncer" de una forma u otra. Ahora nos confió que estaba perdiendo la batalla, así que oramos para que llegara a Navidad y pudiera ver a toda su familia una vez más. Lo último que dijo antes de separarnos fue: "Terry, cuida de tu mamá y de los niños". (refiriéndose en particular a mi hermana menor, que aún vivía en casa). Esas serían palabras que recordaría y trataría de cumplir.

Regresé a Missoula y estaba poniendo orden en el trabajo y en casa para poder viajar de vuelta a las Black Hills cuando recibí la llamada de que papá había fallecido. Mamá hizo lo que pudo, pero poco después de que me fuera, papa Se dio cuenta de que cuidarlo era demasiado para ella y pidió regresar al Hospital de Veteranos. Ingresó ese mismo día y falleció esa misma noche, apenas cuatro días antes de Navidad.

Cuando regresé a nuestro rancho cerca de Pringle, Dakota del Sur, mi tío Humpy se enteró y vino inmediatamente desde Fort Smith, Arkansas. Se hicieron los arreglos funerarios y mi padre fue enterrado a solo una milla de nuestra casa, en el cementerio de Pringle. Hay una iglesia comunitaria en Pringle y mi madre siempre había sido bastante activa yendo allí. Mi padre también había ido, pero no era muy activo. Después del servicio junto a la tumba, un pastor se acercó a mi lado y me dijo que era del Hospital de Veteranos. Era capellán allí y quería decirme que había tenido la suerte de haber conocido a mi padre. Me explicó que había estado luchando con su fe cuando conoció a mi padre y que sus conversaciones con él habían sido más importantes para ayudarlo a superar esos momentos y fortalecer su fe que cualquier otra cosa. Ese testimonio me ayudó mucho. Cuando Humpy se fue a Arkansas después de pasar un par de días con nuestra familia, me dijo: "Terry, si necesitas algo, llámame, ¿de acuerdo?". Humpy se había vuelto bastante rico en los últimos años y me ofreció ayuda. Humpy luchaba con sus borracheras periódicas y mi padre iba a Arkansas siempre que lo llamaban para sacarlo de los bares y que volviera a la normalidad. Mi padre también había luchado contra la adicción al alcohol y le costaba mantenerse a flote. Sabía que mi padre tenía muy poco dinero, pero tenía un pequeño rancho de 69 acres que, según él, estaba libre de deudas, y tenía algunas vacas. Había comprado equipo de excavación, de cuya situación financiera yo desconocía.

La Navidad fue triste y dura, pero toda la familia se alegró de que el sufrimiento hubiera terminado y que papá ahora estaba en manos de Cristo, en quien había confiado. Decidí que necesitaba revisar el préstamo de equipo que papá tenía con un vendedor de equipos usados y una entidad financiera en Rapid City. Mamá no podría manejar estos detalles financieros después de mi partida, así que era mejor resolverlos ya. Mamá tenía constancia de la compra de una retroexcavadora y una cargadora frontal usadas. El precio inicial era de unos 7000 dólares y se habían hecho pagos durante más de un año antes de que papá enfermara de cáncer. El saldo se había reducido a poco más de 5000 dólares cuando papá enfermó demasiado para continuar. Me pregunté si podrían recuperar el equipo por la cantidad que se debía. Pensé que era un camino sencillo que debíamos tomar. Primero debíamos pagar este préstamo, conseguir algún tipo de ayuda financiera de nuestros hermanos que pudiéramos permitírnoslo y, finalmente, hacer posible que nuestra madre se recuperara de la prematura pérdida de nuestro padre. Después de todo, solo tenía 52 años cuando murió, y mi madre, de la misma edad, tenía mucha vida por delante. Es extraño, y nada halagador, que, a mis 29 años, no reconociera plenamente lo joven que era mi madre. Nunca pensé en cómo podría, o incluso debería, volver a casarse. Mirando atrás ahora, a los 79 años, veo que esos pensamientos no solo eran ingenuos, sino bastante inmaduros.

Comprendí lo que papá quería decir cuando dijo: "Cuida de tu madre y de tus hijos". Estaba preocupado principalmente por mi madre, pero también por los que aún vivían en casa, y especialmente por Ginny, que solo tenía 16 años. Esto me estaba volviendo más claro. Era una suerte que vivieran en un pequeño rancho, tuvieran un jardín y abundante leña, y aunque no era mucha, tenían una casa. Tendrían todo lo necesario para vivir si pudiéramos conseguirles algo de dinero para ropa, comida, electricidad, etc. Tenía una hermana mayor que se acababa de casar y tal vez no estaba en condiciones económicas para ayudar, al menos no todavía. Tenía un hermano mayor que acababa de graduarse como maestro y que apenas unos meses antes se había ido a Alaska con su esposa y aún no había tenido tiempo de ahorrar mucho, si es que ahorraba algo. Tenía una hermana menor que podría ayudar.

Pero ella misma apenas estaba empezando. Tenía un hermano menor que intentaba ir a la universidad y solo tenía 19 años. Estaba segura de que todos ayudarían y se unirían para cuidar de nuestra madre y nuestra hermana pequeña. Así que, solo necesitaba pagar el préstamo e incluso si el equipo no se podía vender por lo que se debía, no habría mucha deuda y yo estaba bien establecido, habiendo trabajado durante seis años después de la universidad y tenía ahorros en el banco. Lo haríamos funcionar perfectamente. Me esperaba la sorpresa de mi vida.

El saldo del préstamo del equipo era ahora de $19,561. Según se cuenta, la compañía del equipo tuvo la amabilidad de visitar a papá poco después de que enfermara de cáncer y no pudiera hacer los pagos. Le dijeron a mi papá: "Tommy, no te preocupes por esos pagos". Como buenos amigos suyos, se encargarían de él hasta que se recuperara. Hicieron que Tom e Ione firmaran los papeles, lo que les permitiría continuar con el préstamo hasta que se recuperara. Mamá y papá habían firmado. Le pregunté a mamá si sabía lo que había firmado y si se lo habían explicado. Dijo: "Papá firmó, así que firmé donde me pidieron". Le pregunté si sabía que estaba cediendo su casa. Dijo que "simplemente no lo hizo, ni papá tampoco". Papá le había dicho: "No había hipotecas sobre la casa". Estaba convencida de que nunca firmó papeles contra la propiedad del rancho. Tengo un buen amigo, experto en inversiones, especialmente en contratos de tierras, que me ha dicho que lo que siempre hay que recordar al negociar este tipo de contratos es que "tu banquero no es tu amigo". Tendemos a considerar a quienes nos prestan dinero, para nuestra casa, terreno o lo que sea, como nuestros amigos y que velan por nuestros intereses. Puede que actúen así, pero no lo son, ¡recuérdalo! Su objetivo es ganar dinero para sus inversores, no facilitarte las cosas. Pero incluso con ese conocimiento, ¿cómo podía uno siquiera imaginar que una deuda de $5,000 restantes de un préstamo para un equipo pudiera convertirse en una obligación de $19,561 contra su vivienda en poco más de dos años? ¡Era absurdo! Debía ser ilegal y debía haber algo que pudiéramos hacer para corregir este error.

Fui a ver a un abogado en Custer, a solo 19 kilómetros al norte de nuestra casa, en el pequeño pueblo donde me había graduado de la escuela secundaria en 1959, 11 años antes. No conocía a ningún abogado, pero mi hermana Donna, que entonces vivía en Custer y trabajaba en el juzgado, me dio el nombre de una abogada que parecía muy respetada por su capacidad y compasión al ayudar a las personas que estaban siendo estafadas por las financieras. Flora era una buena mujer, pero tenía malas noticias. Lo que la compañía de equipos había hecho era establecer un "nuevo contrato", lo que les permitía cambiar su tasa de interés y refinanciar el préstamo cada mes. Cada mes añadían intereses vencidos, cargos por refinanciación y, por supuesto, una penalización. Si se capitalizaba mensualmente durante unos dos años, se obtenía una deuda de $5,000 que se multiplicaba por casi cuatro, o $19,561.

No hay duda de que lo que hizo esta compañía fue aprovecharse de gente desprevenida, al menos eso parece ser el caso según nuestro inherente sentido de la justicia. ¿Por qué, entonces, pudieron salirse con la suya? Porque era legal, y lo hicieron. Independientemente de cómo perjudicaran a mis padres, o incluso si se aprovecharon de ellos, lo que tomaron fue legal y, en su opinión, "simplemente un buen negocio". Dakota del Sur no tenía leyes de usura que impidieran a las financieras cobrar tasas exorbitantes y, lo que es más importante, les permitieran embargar astutamente la casa de nuestra madre para asegurarse de recibir su dinero o de que se quedaran con gusto con nuestro rancho. Tenían las firmas de nuestro padre y nuestra madre, y nadie podía decir que los habían coaccionado para firmar los documentos. Quizás haya habido alguna vez en que usted mismo haya estado corto de efectivo y haya tenido que pedir prestado, sin importar el costo. En el ejército o en trabajos de construcción, los jóvenes, en particular, a menudo se exceden y se quedan cortos de efectivo, por lo que recurren a un prestamista usurero, a menudo a "dos por uno". Bueno, estos casos son, como mínimo, préstamos de "alto riesgo" y se puede justificar una tasa de interés alta, pero es difícil aceptar la ética de aprovecharse de la situación. Sin embargo, en el caso de mis padres, me pregunto por qué una tasa de interés tan alta se aplica a un préstamo con garantías tan altas. En primer lugar, el préstamo estaba garantizado con el valor total del equipo sobre el que se otorgó el préstamo original, así que ¿por qué fue necesario volver a garantizarlo con su casa y terreno? Lo único que puedo concluir es que las penalizaciones, los cargos por refinanciación y las nuevas tasas de interés que se aplicarían ahora justificaban una mayor garantía para el préstamo. Sería como tener una deuda por el coche y refinanciarlo usando la casa como garantía. Supongo que debes decidir si esto es justo.

Hasta la fecha, Dakota del Sur no cuenta con una ley antiusura que establezca el interés máximo que una institución financiera puede cobrar por un préstamo. Por lo tanto, se trata de una situación en la que, al no existir una ley que lo impidiera, la financiera consideró legal hacer lo que quisiera. Solo porque algo no tenga una ley que lo impida, ¿perdemos nuestro sentido de justicia y algo que se considera legal se convierte en algo aceptable? Debería existir, y estoy seguro de que existía, una ley general de justicia y equidad. La ausencia de una ley específica no debería invalidar la ley general de "justo y equitativo", ni siquiera la más antigua de las leyes de "no robarás". No deberíamos necesitar una ley numérica específica cuando algo está tan lejos de lo razonable que perdemos todo sentido de justicia. Realmente me pregunto cuántas personas pobres se encuentran en esta situación. Me compadezco de ellas.

Para poner las cosas en perspectiva, entonces vivía en una casa nueva en Missoula, Montana. Estaba en un buen barrio, tenía tres habitaciones y un sótano completo. Me había costado $19,500, que era más o menos lo que debía por la casa de mi madre. La casa de nuestra madre era muy pequeña y vieja, pero estaba en una pequeña finca de 69 acres rodeada de bosque. Era un lugar privado y era su hogar. Valía la pena luchar por ella y, aunque la casa estaba deteriorada, era todo lo que mi madre tenía. Intenté conseguir un préstamo con la propiedad como garantía, pero nadie prestaba tanto dinero solo por el terreno; consideraban la casa un pasivo y no un activo valioso. Pensé en Humpy y su oferta: «Terry, si necesitas algo, llámame». Seguro que podría ayudarme con un préstamo.

Con todas las demás opciones cerradas, llamé a Humpy. Le dije que pensaba que podía venderle el equipo al vendedor por, según esperaba, unos 5.000 dólares o lo que se debía cuando papá enfermó de cáncer. Podría reunir unos 4.000 dólares en efectivo y ahorros, ¿y si me podría prestar unos 10.500 o quizás 11.000 dólares? Habló con su esposa, Bobbie, y ella se negó rotundamente. Le habían prestado mucho dinero a su hijo y no estaban en condiciones de prestarle más. Humpy se había divorciado de su primera esposa, Virginia, o mejor dicho, ella se había divorciado de él y se había hecho cargo de la empresa constructora que él había fundado y dirigido durante la mayor parte de su vida. Humpy recibió sus terrenos y edificios de apartamentos en el acuerdo. Luego se casó con Bobbie, su segunda esposa. Ella controlaba el dinero de Humpy. En fin, Humpy dijo que sus bienes estaban inmovilizados en ese momento, pero que podría buscar a alguien dispuesto a prestarme el dinero a cambio del terreno. Como Humpy estaba en Arkansas y yo necesitaba dinero en Dakota del Sur, pensé que no había muchas posibilidades de conseguirlo, al menos no con unas condiciones financieras razonables.

CAPÍTULO DOS

El Tío

CUANDO TERMINAMOS DE SALUDARNOS EN la pista de Fort Smith en abril de 1999, estábamos presentes Humpy, mi esposa Loretta y yo. Bobbie, la esposa de Humpy, estaba en casa, en cama, y no se sentía muy bien. De hecho, parecía que últimamente había estado así mucho tiempo, y Humpy tenía que quedarse cerca de casa. Bobbie llamaba a Humpy para conseguir algo y Humpy venía enseguida. Me impresionó la atención que le brindaba, y si alguna vez hubo un esposo devoto, ese era Humpy al cuidar de Bobbie. Es maravilloso ver la devoción de un cónyuge cuando su pareja queda incapacitada. Ya sea por una lesión o por una función cognitiva disminuida, se necesita un cónyuge devoto para seguir con el trabajo de tiempo completo, que a menudo es necesario para mantener a su pareja en casa. Por otro lado, a veces hay un límite en lo que se puede hacer, y eso también lo agradezco.

Era evidente que Humpy también necesitaba un descanso. He estado con varias parejas muy dedicadas el uno al otro, especialmente en sus últimos años de vida. Mi madre, a pesar de que mi padre era, en muchos sentidos, un cónyuge poco ideal, le dedicó su vida hasta el final. Parece que tenemos una gran capacidad para perdonar a quienes desean ser perdonados. También parece mucho más difícil perdonar a quienes ni siquiera reconocen que deben pedir perdón. Fueran cuales fueran las razones, Humpy estaba dedicado a Bobbie, pero cuando estábamos allí, Loretta, como enfermera jubilada, contaba con que le brindara a Bobbie la atención que necesitaba, al menos medio día a la vez. Humpy me había invitado a pescar un poco de perca americana. Habíamos mantenido el contacto a lo largo de los años, y aunque Humpy me había invitado muchas veces a ir a Arkansas a pescar con él, nunca antes había aceptado la oferta. Había decidido restaurar la estrecha relación que teníamos antes del fallecimiento de mi padre, y un buen paso en esa dirección sería ir a pescar juntos.

Humpy vivía en Barling, Arkansas. Recordaba el pueblo como muy pequeño en 1955, cuando nuestra familia vivió allí durante un año, pero ahora era mucho más grande. Al ser un suburbio de Ft. Smith, Barling había crecido y Humpy había construido recientemente una casa nueva con una casa de huéspedes en la parte trasera. Era el lugar perfecto para que Loretta y yo nos quedáramos mientras Humpy y yo recordábamos viejos tiempos. Humpy llevaba su gorra de DJ&A que le había enviado varios años antes. Los nombres del logotipo estaban escritos encima: Druyvestein, Johnson & Anderson, y debajo, la inscripción "Ingenieros y Topógrafos". Humpy estaba feliz de que yo, su sobrino, representara su nombre en la industria de la construcción en la que había trabajado toda su vida. Durante la semana siguiente, Humpy nos llevaría a recorrer los lugares donde habían estado sus talleres de construcción. También nos mostró dónde habían vivido mis padres con los siete hijos de nuestra familia en 1955. Todas las viviendas habían cambiado, con casas y negocios nuevos que reemplazaban las casas mucho más pequeñas de la época que recordaba. Por supuesto, también nos llevó a sus lagos favoritos para pescar crappies.

Solíamos pescar en el lago Tenkiller Ferry, donde Humpy tenía una cabaña cuando yo vivía allí. Más comúnmente llamado lago Tenkiller, es un embalse en el río Illinois ubicado en el este de

Oklahoma. Fue construido entre 1947 y 1952, así que cuando nuestra familia estaba en Ft. Smith en 1955, Tenkiller era un lugar de pesca popular. A Humpy todavía le gustaba ir allí. Nos lo pasamos genial. Hacía mucho tiempo que no pescaba crappies, desde que nuestra familia se mudó del lago Andes, en el este de Dakota del Sur, a Pringle, en las Black Hills de Oeste de Dakota del Sur. A Humpy le encantaba pescar desde su pequeño bote, usar una larga caña de bambú y dejar caer su flotador y su pececillo sobre un tronco u otro tipo de cubierta, en un "agujero" donde el crappie lo veía descender y salía a morder el anzuelo. Había que enganchar el pececillo, de aproximadamente 1,27 cm, justo debajo de la piel de la cola para que siguiera moviéndose. Recuerdo que hicimos buenas capturas, pero lo más importante es que nos reuníamos en familia de nuevo. Pescar es un buen momento para contar historias y ponernos al día. No estábamos tan interesados en pescar crappies como para tener que estar en silencio. Humpy me contó sobre sus mejores amigos, con quienes siempre pescaba. Uno era un policía de carreteras jubilado y el otro un tipo normal llamado Hub. Su vínculo común giraba en torno a la pesca, pero su amistad era mutua y profunda. Había dejado sus "días de bebida" hacía muchos años e incluso había pasado bastante tiempo enseñando en la escuela dominical de su iglesia. Él seguía activo en su iglesia e iba con regularidad. Hablamos de nuestra familia, de que mi papá tenía cáncer y de lo que hicimos para unirnos tras su muerte. Me di cuenta de que se sentía mal por no habernos ayudado en ese momento; sin embargo, intenté asegurarle que nos habíamos llevado bien. Mamá estaba bien, aún vivía en la casa. Mi mamá estaba feliz y tenía una casa nueva. Nuestra familia, prácticamente todos los hermanos, había regresado a casa en el verano de 1980 y le había construido a mi mamá una casa nueva, sencilla, de dos habitaciones y un baño, con garaje para dos autos. Nunca había tenido una casa nueva y le trajo mucha alegría. Estoy seguro de que a nosotros, los hermanos, nos dio tanta o más alegría trabajar juntos durante poco más de un mes, 12 horas o más al día, para hacer realidad la casa de nuestros sueños. Trabajábamos duro todo el día, incluyendo a tres de nuestros hijos adolescentes, y visitábamos y compartíamos grandes cenas familiares por la noche. Hasta el día de hoy, este es quizás el logro más satisfactorio que he logrado con toda mi familia.

Le expliqué a Humpy lo que había sucedido después de que no pudiera prestarnos el dinero para mantener la casa y el rancho juntos tras la muerte de mi padre. Ante la ejecución hipotecaria del préstamo del equipo, logré que la compañía de equipos recuperara la retroexcavadora y la cargadora frontal por lo que se debía cuando mi padre enfermó. Eso básicamente dejó un saldo de $14,500 adeudados contra la vivienda. En otras palabras, esa era la cantidad que la entidad financiera había cobrado por multas e intereses durante los dos años que mi padre dejó de pagar. Flora, nuestra abogada, logró que un tercero nos prestara $7,000 con el terreno como garantía. Yo tenía unos $2,500 en efectivo y ahorros, y pude obtener una segunda hipoteca con mi casa y mi auto como garantía por los $5,000 restantes. Eso fue prácticamente todo.

Parece que cuando los seres humanos tenemos un gran desafío por delante, podemos unirnos y afrontarlo. Cuando las cosas son demasiado fáciles, nos volvemos complacientes y exigentes, y no podemos afrontar ni las tareas más sencillas. Agradezco a mi hermano mayor, Don, por ofrecerse a encargarse de la mitad de los pagos de las deudas. No creo que yo hubiera podido con eso, pero él y su esposa, recién salida de la escuela y maestra en un pueblo de Alaska, se pusieron manos a la obra y lo hicieron posible. Así lo hicimos. Una familia numerosa tiene sus ventajas. Todos mis hermanos ayudarían en los años siguientes a mi madre y a mi hermana menor, especialmente con los gastos y las necesidades básicas. Quizás las cosas fueron muy difíciles en los primeros años para mi madre y su hija menor, Ginny, pero con el paso del tiempo y la mejora económica, todo mejoró gracias al amor que se profesaba esta gran familia. Recuerdo a mi padre entrando en la Segunda

Guerra Mundial a los 25 años con tres hijos pequeños y uno a punto de nacer. ¿Cómo pudo tomar la decisión de alistarse como voluntario en el Ejército? Creo que vio entrar a su hermano Humpy, a su hermano Frank también, y a los dos hermanos de su esposa, así que también tuvo que hacerlo. Tuvo que dejar su trabajo en la construcción de campamentos militares y traer a su familia a Córcega para estar con su esposa.

Familia y voluntariado en el Ejército. Creo que Tom Brokaw tenía razón cuando llamó a estas personas "La Generación Más Grande".

Como mencioné antes, Bobbie no se encontraba muy bien de salud. Humpy cuidaba de sus manos y pies, y Bobbie era una mujer exigente. Fue bueno que Loretta y yo nos alojáramos en la casa de huéspedes, y también fue bueno que la hija de Bobbie, Sue, viviera al otro lado de la cerca del patio trasero de la casa principal de Humpy. El esposo de Sue se llamaba Bob Rose y, muchos años antes, solía acompañar a Humpy a las Black Hills a cazar con mi padre. A Bobbie siempre le preocupaba que Humpy regalara parte de la herencia que consideraba legítimamente suya y de sus hijas. Humpy y su primera esposa, Virginia, no pudieron tener hijos, y cuando Humpy se casó con Bobbie, se apresuraron a tener sus propios hijos.

Creo que en sus últimos años, Bobbie se dio cuenta de que los Druyvestein de Dakota del Sur no debían considerarse una amenaza y comenzó a tranquilizarse. Sin embargo, al fallecer mi padre, Bobbie jugó un papel decisivo e hizo lo necesario al no permitir que Humpy nos ayudara con un préstamo para salvar la casa. No pedíamos una ayuda, solo queríamos un préstamo, quizás uno sin garantías excesivas, pero sí respaldado por una familia en la que no confiaba plenamente. Creo que Bobbie estaba muy preocupada por establecer una relación de préstamo familiar con los Druyvestein de Dakota del Sur, ya que eso podría entrar en conflicto con los intereses de su propia familia y estrechar su relación con parientes consanguíneos.

Mis padres siempre habían tratado a Humpy y a toda su familia con respeto y hospitalidad cuando venían a cazar a las Black Hills. Además, creo que con el paso de los años Bobbie había logrado transferir la mayoría de sus propiedades a un fideicomiso para su familia, disipando así los temores de que intentáramos desviar su herencia. La casa y la casa de huéspedes de Humpy habían sido legadas a su familia, junto con extensas tierras que habían sido arrendadas para construir un banco, una ferretería Lowes y una licorería que Bob y su hijo Jon ahora regentaban. Además, otras tierras que Humpy había usado para criar ganado ahora eran terrenos de excelente desarrollo. La familia Rose estaba ahora bien cuidada y yo, por mi parte, me alegré por ellos y no tenía ningún interés en propiedades que pasaran a su familia. Simplemente quería reconstruir mi relación con Humpy.

Pasé un tiempo agradable con Humpy y, demasiado pronto, nos separamos y volvimos a tomar caminos separados. Le ofrecí a Humpy que viniera a Montana para corresponder, pero se mostró escéptico debido al tiempo que ahora le tomaba cuidar de Bobbie. Lo entendía, pero era algo que debía tener presente: que sería bienvenido cuando llegara el momento.

Más tarde ese verano, Bobbie falleció. Humpy llamó con la noticia de que Bobbie había sido sepultada y que había comprado un terreno en el cementerio para ser enterrado junto a ella cuando en algún momento en el futuro se fuera. Además, necesitaba escaparse y, si quería, nos gustaría que viniera de visita. A mi hermano Don también le gustaría mostrarle la pesca en Juneau, Alaska. Don, quien había trabajado para Humpy cuando estábamos en Arkansas en 1955, se había dedicado a la enseñanza del pueblo inuit en Bethel, Alaska. Bethel es un pueblo bastante remoto en el río Kuskoquim, cerca de la costa oeste de Alaska y el mar de Bering. Don tenía un hijo, Jay, casado y con una familia que debía conocer. Ahora vivía en Juneau, donde organizaría un viaje de pesca. Don estaba jubilado en Sequim, Washington, así que estaría disponible para viajar con Humpy a Juneau. Este se convirtió en el plan: Humpy volaría a Seattle, iría con Don a Alaska, pescaría allí, regresaría a su casa en Sequim y luego viajarían juntos a Montana, donde yo tenía una cabaña en el lago Flathead, y pescaríamos truchas. Él volaría de regreso a Arkansas desde Missoula, donde vivía yo.

Humpy se lo pasó genial. La naturaleza salvaje de Alaska era algo que nunca había experimentado. Salieron en el barco de un amigo y pasaron varias noches allí, anclados en la naturaleza salvaje de Alaska. Si nunca has fondeado en una ensenada como Icy Straight, Glacier Bay o algo similar, tienes que apuntarlo en tu lista. Escuchar el resoplido de las ballenas, los saltos nocturnos de los peces y contemplar un cielo estrellado, sin luces de fondo, es un placer que vale la pena disfrutar. Habían pescado salmón y fletán, y habían capturado un poco de cada uno. Fue un viaje estupendo para Humpy y lo disfrutó muchísimo.

Yo aún no estaba jubilado, pero organicé un tiempo para estar con Humpy cuando viniera a Missoula después de su viaje a Juneau. Quería que conociera al resto de mi familia. Hasta el momento, solo conocía a mi esposa, Loretta, y, por supuesto, había oído hablar de mis dos hijos, pero no los conocía. Mi hijo mayor, Paul, vivía en Missoula y también era ingeniero civil, trabajando en la empresa que yo había fundado. Compartimos una agradable cena con su esposa y sus tres hijos. Después fuimos a Polson, que está a unos 112 kilómetros al norte de Missoula, en el extremo sur del lago Flathead, y viajamos a la casa de campo donde vive mi hijo menor, Ken. Allí nos pusimos a descuartizar unos 20 pollos jóvenes. Estos son pollos jóvenes criados exclusivamente para su carne, y a Humpy le trajo recuerdos de su juventud, antes de irse de casa. Estaba muy emocionado por atrapar a los pollos, cortarles la cabeza con un hacha y escaldarlos en agua caliente para soltarles las plumas antes de quitárselas. Esto le recordaba cosas buenas, la supervivencia y la madurez, pero muchos jóvenes de hoy, y algunos de ustedes que leen esto, se horrorizarían con el proceso de descuartizamiento.

Luego viajamos hacia el norte unos 48 kilómetros por la orilla oeste del lago Flathead hasta donde se encuentra mi cabaña. El lago Flathead es un lago de aguas cristalinas y prístinas, que recibe el agua de deshielo del Parque Nacional Glaciar y la zona silvestre Bob Marshal. Flathead es un lago enorme de casi 48 kilómetros de largo y 24 kilómetros de ancho en sus puntos más largos. Se jacta de ser el "lago natural de agua dulce más grande al oeste del río Misisipi". Es el más grande en volumen, con más de 90 metros de profundidad, superando así al lago Devils en Dakota del Norte. Es natural, ya que no está formado completamente por una presa, superando así los embalses de los diversos ríos. Es de agua dulce, superando así al Gran Lago Salado en Utah. Esto demuestra la importancia de los adjetivos. Es un lago de agua fría y la temperatura en la superficie alcanza solo unos 21 grados Celsius en agosto. Humpy disfrutó del agua increíblemente cristalina y de la trucha de lago que pescamos. Solíamos pescar truchas con jig, sobre todo en aguas de entre 30 y 45 metros de profundidad, y era una buena pesca. Seguimos hablando de los viejos tiempos. Humpy sacó a relucir el problema de que mi padre bebía demasiado. Era cierto, mi padre bebía demasiado, pero Humpy debería haber sido el último en criticarlo.

No fue hasta que Humpy, al tener al menos diez años más que mi padre cuando falleció, que finalmente se cansó y dejó de beber. Recuerdo al menos tres veces que mi padre dejó su trabajo y a su familia, se fue a Arkansas por una llamada de una de sus esposas, averiguó dónde se alojaba su hermano para su borrachera, lo sacó de allí y lo "secó". No discrepé de la declaración de mi tío, pero sí le dije a Humpy que su hermano dejó de beber por completo durante los dos últimos años de su vida y probablemente sentía mucho remordimiento por los años que había pasado bebiendo. Esto fue después de enterarse de su cáncer, que quizás era demasiado tarde para su salud, pero no demasiado tarde para su espíritu. Iba a Arkansas de visita al año siguiente, en primavera, cuando la pesca de perca americana era la mejor. Después de estas visitas, decidimos que necesitábamos celebrar pronto una reunión de Druyvesteyn para que Humpy pudiera reencontrarse con toda la familia. Celebraríamos la primera reunión en Black Hills, donde aún vivían la mayoría de mis hermanos y mi madre, e invitaríamos también a todas las familias de los hermanos de Humpy. En la familia Druyvesteyn había tres hermanas y tres hijos. Todos los hijos de estos seis Sean invitados. Quizás ya hayan notado que los apellidos de Humpy y mi padre se escriben diferente. La última "y" se sustituyó por una "i" en el apellido de mi familia. Cuando mi padre trabajaba en la construcción, se creó el sistema de seguridad social. El apellido estaba mal escrito y, en lugar de tomarse la molestia de cambiarlo, mi padre lo dejó tal como estaba. Con la terminación "stein", mucha gente pensó que nuestra familia era judía. Sin embargo, Druyvesteyn es holandés, y el apellido se remonta a muchas generaciones, hasta el hombre original que lo adoptó: Dirk Janszoon.

Druyvesteyn nació en 1520. El primer Druyvesteyn que emigró a Estados Unidos fue el padre de mi abuelo, Francois Constantyn Willem Druyvesteyn, quien llegó a Iowa en 1878. No hay muchos Druyvesteyn y creo que conozco a todos los que viven actualmente. La primera reunión de Druyvesteyn se celebraría los días 20 y 21 de julio de 2002. La reunión se celebraría en el rancho de mi madre, Ione Druyvestein, en las Black Hills de Dakota del Sur, donde Humpy había ido muchas veces a cazar venados de cola blanca con mi padre, Tom, muchos años atrás. Tres de esta generación aún vivían, pero solo dos pudieron asistir a la reunión de 2002: Humpy y, por supuesto, nuestra madre, Ione, esposa de Tom, el hermano mayor de Humpy. Ann, esposa de Frank, el hermano mayor, no pudo asistir. En total, asistirían 40 personas.

La reunión no estuvo exenta de sorpresas. Quizás la sorpresa más grande fue que Humpy apareció con una nueva esposa. Su tercera esposa era Lois. Humpy la conocía a través de la iglesia a la que ambos asistían, y Lois estaba ansiosa por establecerse como la Sra. Lois Druyvesteyn. Se esforzaba por encajar, pero se cernía sobre Humpy quizás un poco más de lo necesario. Personalmente, pensaba que no tenía problema en hacer feliz a Humpy, aunque era más joven que yo. Nunca pude determinar con exactitud su edad, pero ¿qué tiene que ver la edad cuando uno está enamorado? A mi madre, en cambio, no le gustaba. Lois cometió el error de confiarle a mamá que se duchaba con Humpy después de casarse y algunos detalles de su vida sexual que mamá no quería oír, y dijo que "esto la ponía enferma". Me hizo sonreír que mamá no necesitara esos detalles, pues entonces tenía 84 años y provenían de una mujer mucho más joven, una mujer a la que, desde el principio, consideraba una "cazafortunas". Le quité importancia a todo, considerándolo una consecuencia de la diferencia de edad, aunque desconfiaba un poco de las intenciones de Lois y de la rapidez del matrimonio.

The Druyvesteyn Family Reunion 2002
Bottore row-Humpy, 3rd from left, new wife Leis at his right shoulder and my mother Ione at his left

Después de la reunión, Humpy parecía estar muy contento. Aunque no con regularidad, Humpy y yo hablábamos por teléfono al menos una vez al mes. Quería que fuera a pescar a Ft. Smith en 2003, pero me había jubilado el año anterior y estaba planeando un viaje a la Isla Príncipe de las Ballenas en Alaska con Loretta y algunos viejos amigos de la familia. No pude ir este año, pero lo compensaríamos el año que viene, ya que estábamos planeando una segunda reunión.

No recuerdo la hora exacta de la llamada. Fue en algún momento de 2003, cuando Humpy me interrumpió llamándome con un asunto importante.

Dijo que quería que yo tuviera un bono de Ford Motor Company cuando falleciera. Le dije que debería cobrarlo para sí mismo y que él y Lois deberían viajar un poco. Venir más a menudo y disfrutar de la vida. Le pregunté por Lois, si estaba de acuerdo. Me dijo que ya se había ocupado de Lois. Ella tenía suficiente de su dinero personal y él también estaba construyendo un par de dúplex que podrían usar para sus ingresos, ya que estaban pagados y no había pagos de hipoteca. Se usarían.

Lois, en caso de que él falleciera primero. Dijo que solo quería que los intereses anuales del bono se mantuvieran y que me nombraría beneficiario de la transferencia por fallecimiento (TOD). Dijo que le pediría a su agente, Donna Young, que me llamara para obtener los detalles para completar la designación. Era su deseo que yo tuviera esto. No lo dijo, pero sabía que aún se sentía mal por no haberme ayudado con el rancho familiar después del fallecimiento de mi padre en 1970. Pensé que también reconocía lo que mi padre había hecho para ayudarlo con sus propios problemas con el alcohol. Sea como fuere, nunca lo sabré, pero acepté y le dije que si lo hacía, y le estaba agradecida por ello, planearía compartirlo con mi madre y todos mis hermanos. Él respondió: "Sé que harás lo correcto". Esa confianza en mí significaría mucho para mí en los años venideros.

Reunión familiar Druyvesteyn 2004
Segunda fila: Ione (quinta desde la derecha), Humpy (tercera desde la derecha),
Ann (segunda desde la derecha), Lois (extremo derecho)

Como prometí, el asesor financiero de Humpy finalmente me llamó y me consiguió mis datos personales para completar el bono. Me asignaron el bono para la cuenta n.º 2895-8136. El bono tenía un valor nominal de $200,000. Sabía que este dinero significaría mucho para nuestra familia, especialmente para mi madre, pero no les dije nada. He tenido tantas experiencias que no quería influir en su relación con Humpy y, además, sé que las cosas pueden cambiar y que la gente puede cambiar de opinión. Sería mejor esperar un momento más oportuno; además, Humpy gozaba de buena salud y quizás necesitara el bono en el futuro para atender otros asuntos de su vida.

La segunda reunión se celebraría más tarde, los días 9, 10 y 11 de julio de 2004. Esta reunión también se celebraría en las Black Hills, pero esta vez en el Refugio del Parque Estatal en el lago Stockade, al este de Custer, Dakota del Sur. Este lugar no estaría lejos del rancho de Ione, donde se celebró la primera reunión, y tenía la ventaja de contar con un refugio en caso de que lloviera en un momento inoportuno. La segunda reunión sería un poco más numerosa que la primera. Contaría con la presencia de la familia de Arnout Jan Druyvesteyn, de los Países Bajos, quien podría brindarnos más información sobre la historia familiar. Asistirían unas 55 personas. Cuatro generaciones estuvieron representadas y el lugar y el clima fueron excelentes. Las generaciones mayores disfrutaron de su tiempo para recordar y las generaciones más jóvenes se conocieron participando en actividades y capturando recuerdos que, en el futuro, usarían para rememorar juntos.

CAPÍTULO TRES

La Nueva Esposa

HUMPY PRESENTÓ A SU NUEVA esposa, Lois, en la reunión de 2002. Nuestra familia descubrió que los dos o tres días de esa reunión no fueron suficientes para conocerla de verdad. Existían sospechas de que era una "cazadora de fortunas" y, debido a la aparente diferencia de edad, sobre si ella podría, de hecho, seguir haciendo feliz a Humpy y cuidarlo en su vejez. Habían pasado dos años, así que en la reunión de 2004 todos estábamos ansiosos por ver cómo se desarrollaban las cosas. Según se suponía, Lois rondaba los 65 años, al menos 15 y probablemente cerca de 20 años más joven que Humpy. Sin embargo, según Humpy, "era divertido estar con ella" y si hacía feliz a Humpy, sin duda todos deberíamos estarlo. Lois era amable, pero curiosamente mucho más cautelosa para no perder de vista a Humpy. En la reunión, pensé que Lois simplemente le prestaba atención a Humpy, pero cuando, a veces, él se molestaba porque ella lo vigilaba constantemente, me preguntaba si había algo más. Lois siempre estaba al alcance de la mano de Humpy y a menudo se metía en la conversación para no perderse nada. Era difícil, si no imposible, tener una conversación privada con Humpy. Debido a esta dificultad, a no poder tener una buena charla con Humpy, mis hermanas Donna y Karen fueron a ver a Lois y Humpy a su motel la última noche de la reunión. Querían tener esta última oportunidad para tener una buena conversación antes de que Humpy y Lois se fueran a la mañana siguiente a su casa en Arkansas. Después de todo, eran muy cercanas y conocieron muy bien a Humpy de jóvenes, y se sentían "vacíos", como si nunca hubieran podido visitarlo. Lois las recibió en la puerta del motel y les dijo que Humpy no estaba disponible. Lois las rechazó y Humpy no intervino. Lois dijo que estaba durmiendo y que les esperaba un largo viaje al día siguiente. ¿Qué podían hacer? Estaban seguros de que a Humpy le encantaría hablar con ellos, y aún no era demasiado tarde, pero pasar a empujones junto a Lois y despertar a Humpy, si es que de hecho estaba durmiendo, no sería aceptable.

Pasó el verano y el invierno también. Seguimos en contacto y Humpy parecía estar bastante contento. Su audición estaba fallando mucho y nos costaba mantener una conversación decente por teléfono. Decidí ir a Arkansas el verano siguiente. Mi urgencia por visitarlo se aceleró con las llamadas de las familias de Bob y Sue Rose. No tenían nada bueno que decir de Lois. Controlaba a Humpy y no permitía que ni siquiera sus viejos amigos lo visitaran. Humpy tenía problemas de salud y ni siquiera se les permitía verlo. Vivían al otro lado de la valla y casi nunca lo veían. En la primavera de 2006, Loretta y yo hicimos el viaje. Decidimos conducir y aprovechar unas vacaciones largas para visitar a algunos familiares de Loretta que también vivían en Arkansas, pero más cerca de Little Rock.

Cuando llegamos a Ft. Smith, las cosas parecían ir bastante bien a primera vista. Preguntamos por la familia Rose y cómo estaban. Humpy dijo que bien y Lois no dijo nada. Dijimos que, ya que estábamos allí, quizás podríamos pedirle a Jon, el hijo de Bob y Sue, que asara unas costillas a la barbacoa que nos había preparado la última vez que estuvimos en Barling. Humpy dijo: «¡Genial idea! ¿Por qué no vamos a preguntarle?». A Lois no le gustó y dijo que estaban demasiado ocupados con nuestra compañía como para ir a las Rosas. Humpy le restó importancia y fuimos a hablar con Bob en su garaje. Dijo que estaba seguro de que Jon estaría encantado de cocinar unas costillas y que a Jon y a sus nietas, especialmente, les encantaría vernos, y que además hacía tiempo que no veían a Humpy. Me pareció una excelente idea reunir a las familias de nuevo. Era evidente que Humpy llevaba tiempo sin venir, y los rumores de que Lois no le permitía visitar a su familia ni a sus viejos amigos también eran ciertos. Cuando llegó la tarde para ir, pensé que quizá Lois no vendría. Quizás sería mejor, pensé, para que pudiéramos llegar al fondo de lo que Lois le estaba haciendo a Humpy. Lois no iba a perderla de vista. Cuando llegó el momento, estaba allí, lista para acompañarnos. Debo decir que Lois no dijo ni una sola palabra en toda la noche. No estaba contenta y no aprobaba que Humpy visitara a su antigua familia. Sin embargo, Humpy estaba de muy buen humor. Disfrutó muchísimo de su familia, sus nietas y las costillas a la barbacoa que Jon había preparado. Pensé que la velada fue todo un éxito, pero temía que hubiera represalias al día siguiente.

Para mi sorpresa, Lois se encontraba bien en el desayuno a la mañana siguiente. Disfrutamos de un desayuno agradable y, hacia el final, Humpy quiso hablar de asuntos familiares. Me llevó a recorrer la casa y me dijo que el certificado de matrimonio original enmarcado de sus padres era importante para él y que quería que yo lo tuviera, para que la familia lo conservara. Les había dado copias a todos mis hermanos y quizás a otros miembros de su familia, pero quería que yo tuviera el recuerdo original, que estaba enmarcado y colgado en la pared de su habitación. También quería que yo tuviera la silla de madera y cuero que era de su padre y que ahora usaba cada mañana para desayunar. Esta silla era un lugar de honor y aún recordaba cómo mi abuelo siempre se sentaba en ella, a la cabecera de la mesa, y nadie le faltaba el respeto. Eran dos tesoros familiares que no me había mencionado antes, y le dije que me sentía honrado de que él los transmitiera a través de mí para la familia Druyvesteyn. También mencionó que quería que yo tuviera su escopeta Winchester modelo 12 del calibre 12 que siempre llevaba a Dakota del Sur para cazar faisanes. La había comprado al ser dado de baja del ejército después de la Segunda Guerra Mundial. Ya me lo había dicho antes, pero me alegró que se lo repitiera delante de Lois para que no hubiera confusión. Cuando Humpy estuvo en mi cabaña en el lago Flathead, admiró las cuatro armas que cuelgan sobre mi chimenea. Arriba está la escopeta Winchester modelo 12 de mi padre, luego la escopeta belga de dos cañones del padre de Loretta, luego el rifle calibre .22 del tío de Loretta, y abajo están los rifles Winchester modelo 94 del calibre .22 de mi hermano Don. Ahora, estos irían acompañados por la escopeta Winchester modelo 12 de Humpy. Luego, mencionó el bono de la Ford Motor Company y cómo me había nombrado beneficiario de la transferencia por fallecimiento (TOD, por sus siglas en inglés). Le repetí que mi familia estaría muy feliz de recibir este regalo y que, como le había dicho antes, "lo compartiría con mi madre y mis hermanos". Él repitió: "Sé que harás lo correcto". Me enorgullecía que depositara tanta confianza en mí. Nunca me dijo qué era lo correcto, pero yo le dije lo que yo creía que debía ser antes, y ese seguía siendo un buen plan.

Después de la conversación, Humpy se disculpó para ir al baño. Cuando salió de la habitación, Lois me dijo: "También puedes agradecerme por estas cosas, especialmente por los bonos". Le dije: "Sí, Lois, yo también te estoy agradecida". Ella dijo que las Rosas estaban intentando conseguir ese dinero y que ella se lo había ahorrado. En ese momento, Humpy regresó a la habitación y no se dijo nada más sobre el asunto.

Había notado que por las tardes Humpy se tomaba una o dos cervezas.

Nunca había bebido cuando lo visitamos. Le pregunté a Humpy al respecto y me dijo que solo tomaba una o dos al día y que Lois se las compraba en la tienda. No dije nada porque, después de todo, Humpy tenía 85 años y, de todas formas, se decidiría. No creo que se le pueda decir a un alcohólico que no debe beber, porque uno sabe mejor que nadie los peligros de esa forma de pensar. Lo que no entendía es por qué Lois participaba, incluso por qué lo animaba. Intentaba hablar con ella.

Al día siguiente, Humpy y Lois nos llevaron a Loretta y a mí a dar un largo paseo en coche. Humpy tenía 85 años, pero seguía siendo un excelente conductor. Además, conocía bien el pueblo y la zona donde había trabajado la mayor parte de su vida. Fuimos a Camp Chaffee, donde él y mi padre, Tom, habían trabajado. También estaba mi tío Henry o "Doc" Vander Pol, cuya esposa estaba casada con la hermana de mi madre, Ruth. Vivíamos uno al lado del otro, ya que ambos teníamos caravanas, y así viajábamos y vivíamos. Humpy no vivía con nosotros en el campamento de caravanas, ya que seguía soltero y vivía en unas literas, o en otro lugar, no lo sé. También pasamos por la ferretería Lowes, donde le arrendaban el terreno a Humpy. Humpy también poseía y arrendaba terrenos al banco y para la licorería que ahora dirigía Jon Rose. También pasamos por un terreno que Humpy, según me indicó, aún poseía y en el que recientemente había criado ganado. Finalmente, llegamos al cementerio donde habían enterrado a Bobbie. Aquí estaba Una lápida donde ya se había grabado su nombre y donde sería enterrado junto a Bobbie. Solo faltaba grabar la fecha de su fallecimiento. Ese era su plan; el terreno del cementerio ya estaba pagado y Lois dijo que ella también lo tenía. Luego fuimos al cementerio donde estaba enterrado el esposo de Lois. Allí, dijo Lois, sería enterrada junto a él cuando falleciera. Todo estaba en orden.

Durante el otoño y principios del invierno, hablar con Humpy se hizo cada vez más difícil. Al principio, fue difícil cuando logré hablar con él por teléfono debido a su problema de audición. Intenté convencerlo de que comprara buenos audífonos, pero siempre los ignoraba. "Había probado uno una vez y no parecía funcionar mucho". Intenté convencerlo de que fuera a un especialista en audición y comprara dos, no uno, y que los usara todo el tiempo. Humpy tenía una vena de terquedad y también de frugalidad, que creo que heredó de su madre. Mi abuela era tan tacaña que mi padre decía que sacaba más provecho de cada centavo que cualquier otra persona que él conociera. Creo que era cierto en el caso de quienes vivieron la Gran Depresión. Eran ahorrativos. Hubo cosas que sucedieron que nunca olvidarían y que los hicieron así. Ahora tenemos la epidemia de COVID-19. Dejará sus propias cicatrices en quienes la padezcan.

El otro problema para hablar con Humpy era superar a Lois. Lois a menudo no me dejaba hablar con él, diciendo que no se sentía bien o ponía excusas para no poder hablar con él. Sabía que era un intento de no dejarnos hablar, ya que cuando estaba en la habitación con Lois hablando por teléfono, podía oír a Humpy de fondo preguntándole quién llamaba.

Cuando no podía comunicarme, llamaba a la familia Rose, que, como ya expliqué, vivía al otro lado de la cerca del patio trasero. Siendo la familia anterior de Humpy, seguramente sabrían qué le pasaba. Estaban molestos porque Lois lo controlaba todo. No les permitían ver a Humpy; su familia, incluidas las dos nietas de Humpy, no podía visitarlo. Incluso decían que Lois impedía que los viejos amigos de Humpy lo vieran. Como me había encontrado con uno de los viejos amigos de Humpy en un viaje anterior, le escribí. Hub era quizás el último de los amigos realmente cercanos de Humpy, así que le pregunté qué pasaba. Hub no era muy versado en muchas cosas, pero al parecer era un... "Este es el viejo Hub. Para empezar, no sé casi nada deletreando, así que quizá puedas entender lo que intento decir. A Humpy le gustaba hablar de su trabajo. De joven, lo pasábamos bien juntos. Pescábamos bastante y montábamos en cuatrimotos. Pero todo eso se acabó cuando se casó con Lois. Ella nunca quiso que Humpy estuviera con nadie si no estaba presente para escuchar lo que decían. Después de que Humpy se convirtiera en su dueño, dimos una vuelta en coche unas dos o tres veces. Íbamos al lago, solo para echar un vistazo. A Humpy le gustaba. Pero a Lois nunca le gustó que hiciéramos eso. Quería decirle a Humpy lo que buscaba, pero él nunca me creería y solo lo heriría.

Era muy astuta en lo que hacía. En fin, me gustaría saber algo que te pudiera ayudar. Estoy bastante seguro de que Humpy hacía lo que ella decía. Probablemente si él decía algo, ella nunca lo hacía." Según todos los informes, Humpy estaba cautivo en su propia casa, a manos de una persona más joven y fuerte, y no le permitían volver a su vida anterior. Me sentí mal por esto, pero no estaba seguro de poder hacer nada. Puede que yo sea su pariente consanguíneo, pero Lois era su esposa legítima. La familia Rose también tenía poca autoridad, ya que eran simplemente la familia de una mujer, Bobbie, la segunda esposa de Humpy, quien ya había fallecido. Recibí el mensaje de los Rose de que sentían que Lois intentaba "matar" a Humpy. Quizás no directamente, sino por cómo lo presionaba con alcohol y no lo cuidaba adecuadamente.

Dijeron que Humpy había estado hospitalizado recientemente y que Lois había dejado instrucciones estrictas de que no se permitiera la visita de nadie, excepto ella o personas específicas a quienes ella había dado su aprobación por escrito. ¡Nadie más! Además, no podía tener teléfono ni recibir llamadas. Humpy estuvo hospitalizado poco más de dos semanas, pero luego le dieron de alta y se le permitió irse a casa. Llamé a Humpy varias veces y no obtuve respuesta. Finalmente, logré hablar con Lois y me permitió hablar con él. Nuestra conversación fue difícil. Humpy, al no escucharme con claridad, y yo, al no tener la libertad de hacer las preguntas que realmente quería, me dejó con una sensación de vacío. Sabía que Lois escuchaba atentamente, ya que a veces le repetía la pregunta a Humpy y luego él respondía. Me pregunté si Humpy estaría muy coherente y si estaría confundido con las múltiples drogas que probablemente estaba tomando. También me pregunté si estaría bebiendo alcohol después de volver a casa. La situación no tardó en empeorar. En el invierno de 2007, Humpy ingresó varias veces en el hospital. La situación continuaba. Me informaba principalmente de la familia Rose, quienes estaban seguros de que Lois quería eliminar a Humpy lo antes posible. Ella se negaba a recibir tratamiento, no les permitían verlo y los médicos no podían compartir información sobre él; estaban furiosos por su incapacidad para hacer algo al respecto. En ocasiones, lograba comunicarme con Lois y ella decía que Humpy estaba enfermo, pero nunca explicaba exactamente de qué, que estaba recibiendo el mejor tratamiento posible y que los Rose la estaban molestando constantemente, por lo que debía mantenerlos alejados.

La familia Rose
Arriba; Jon, Alex, Bob-Abajo; Irene, Humpy, Sue

CAPÍTULO CUATRO

El Fallecimiento

Humpy falleció en la Residencia de Ancianos Legacy Health el 24 de febrero de 2007. Habría cumplido 86 años en marzo. La causa de la muerte fue insuficiencia cardíaca congestiva. No se le permitían visitas. Desconozco cuántos días llevaba Humpy en la residencia. No pudieron ser muchos, pero no se divulgó esta información. Ni siquiera sabía que lo habían trasladado al centro. La familia Rose me informó del fallecimiento de Humpy. Lo habían leído en los obituarios. Pensé en esto: la familia más cercana a Humpy durante la mayor parte de su vida no pudo visitarlo ni disfrutar de su compañía en sus últimos días, todo por culpa de una esposa egoísta y controladora que entró en su vida en los últimos años. Lois ni siquiera tuvo la decencia de informar a ningún familiar anterior de Humpy sobre su fallecimiento y, peor aún, no avisó a sus amigos y familiares de su paradero para que pudieran visitarlo. Llamé a Lois y, para mi sorpresa, la contacté rápidamente. Expresé mi pesar por la pérdida de Humpy y le pregunté cómo estaba. Le dije que podía reservar y estar presente en el funeral. Me informó que habían decidido celebrar un funeral sencillo solo para su familia cercana y que no estaría abierto a otros. Era evidente que eso me incluía a mí. Pregunté el nombre de la funeraria y, tras recibirlo, colgamos. ¿Qué más se podía hacer? La familia Druyvestein no era bienvenida, ni tampoco la familia Rose. Sentí tristeza al pensar que Humpy no tendría a sus nietas presentes en su funeral. No tendrían la reunión que se centraría en la celebración de una vida tan significativa para ellas. También me entristeció darme cuenta de que a ninguno de sus antiguos familiares ni amigos, como su buen amigo Hub, se les había permitido visitarlo en sus últimos días y que ahora ni siquiera podrían asistir a su funeral. Pensé en Humpy y en lo aislado y solo que debió haber estado en sus últimos días. En realidad, no habría funeral, solo entierro. ¡Qué egoísta había sido Lois al controlar los últimos días y deseos de Humpy! ¿Qué tan egoísta seguiría siendo en los días venideros?

Llamé a una floristería y ordené que enviaran una corona de flores a la funeraria donde Herman John Druyvesteyn sería enterrado. Luego llamé a todos mis hermanos con el mensaje de que Humpy había fallecido y que había enviado una corona de flores en nombre de la familia Druyvesteyn. También les dije que ninguno de nosotros sería bienvenido al funeral, según los deseos de Lois Druyvesteyn. Todos estaban decepcionados por el comportamiento de Lois, pero no sorprendidos.

Ninguna de las acciones de Lois me sentó bien, así que esperé un par de semanas antes de volver a contactarla. Mientras tanto, recibía noticias de Sue Rose, que vivía justo al otro lado de la valla de la casa de Humpy, que ahora pasaría a manos de la familia Rose, pero donde Lois aún residía. Resultó que no les permitieron asistir al funeral y se enfurecieron al enterarse de que Lois había desobedecido los deseos de Humpy y la familia Rose, y que, en su lugar, la había enterrado en su cementerio con su exmarido, dejando un espacio entre ellos para ella en el futuro. Esto contradecía lo que nos habían dejado perfectamente claro a Loretta y a mí cuando la visitamos menos de un año antes. Humpy sería enterrado con su exesposa, Bobbie, y Lois con su exmarido. Al parecer, nada era sagrado para Lois, así que necesitaba hablar con ella. Me tomó varias llamadas, pero finalmente logré hablar con Lois. Por suerte, seguía contestando mis llamadas y me consideraba una aliada en su lucha con la familia Rose. Lo primero que dijo fue: "¿Ya recibiste tu dinero?". Se refería al vínculo que Humpy nos había dejado a la familia. Le dije: "No, todavía no lo he investigado". Me dijo que Consíguelo de inmediato, ya que Jon Rose quería su dinero y también lo haría conmigo. Así que para mí estaba claro que a Lois le interesaba más el dinero de Humpy que Humpy, su familia o sus amigos. No me preocupaba Jon, pero pronto descubriría que debería preocuparme más por Lois. Lo que había llamado era por la conversación que tuvimos en mayo pasado durante la visita y las instrucciones de Humpy sobre sus deseos funerarios y sobre los objetos personales, como el reloj familiar, la silla especial del abuelo, la escopeta de Humpy y el certificado de matrimonio de sus padres, mis abuelos. Lois dijo que ella y Humpy habían hecho planes adicionales para sus entierros y que, en esencia, eso no era asunto mío. Lois no recordaba las instrucciones para la escopeta, pero si ese era el deseo de Humpy, podía quedármela. Le pedí a Lois que las apartara de sus pertenencias, que se estaba llevando de la casa. Tenía treinta días para desalojar la casa de Humpy y estaba furiosa. El testamento que Humpy dejó le permitía a Lois vivir en la casa durante treinta días. Había sido legada a la familia Rose, junto con la casa de huéspedes y varias otras cosas. Me pareció irónico que Lois se enfadara tanto por eso que ni siquiera reconociera el dolor que les había causado a los Rose al separarlos de Humpy, enterrándolo, no con su madre, sino con su exmarido. Cuando tomó el control, Lois no les permitió ni una mínima parte de la vida de Humpy. En fin, Lois dijo que no quería dejar de lado nuestras pertenencias familiares. Que se encargaría de ellas y me las enviaría cuando se mudara. Me sentí incómodo con este acuerdo, pero solo podía esperar que Lois cumpliera.

Decidí consultar con el asesor financiero de Humpy, ya que Lois era una bala perdida y no estaba seguro de a quién creerle sobre un bono tan grande como $200,000. Llamé a Donna Young y pregunté por el bono. Me dijo que todo estaba en orden y que, al parecer, la mejor opción sería conseguirle primero una copia del certificado de defunción y luego abrir una nueva cuenta solo para guardar el dinero del bono hasta que pudiéramos distribuirlo. También quería que le proporcionara una lista con los nombres de mis hermanos para que pudiéramos distribuir los fondos directamente a cada uno de ellos y evitar problemas con los impuestos sobre donaciones si todo me llegaba primero a mí y luego a ellos. Parecía un buen plan, así que acepté sin dudarlo. Sin embargo, el bono se cotizaba muy por debajo de su valor nominal, por lo que no obtendríamos su valor total. De hecho, perderíamos alrededor del 15% si lo vendiéramos ahora. Por otro lado, el bono tenía una cláusula de seguro de vida y, si podíamos esperar hasta abril para cobrarlo, podríamos redimirlo al valor nominal más los intereses acumulados. En cualquier caso, ella cambiaría inmediatamente la dirección con Summit Brokerage Services para que se pudiera usar una nueva cuenta, a mi nombre, para comenzar a enviar los estados de cuenta mensuales y guardar los fondos hasta su distribución. Donna dijo que Lois ya había abierto su cuenta y quería cobrar su bono lo antes posible. Le pregunté si ese bono también tenía una cláusula para garantizar el reembolso a su valor total y ella afirmó que sí, pero que quizás la fecha de aniversario era diferente y Lois no quería esperar. Le dije que nuestra familia no tenía prisa por canjear el bono y que esperaríamos a la siguiente fecha para poder canjearlo a su valor total, más los intereses acumulados. Esto sería en abril y ella anotaría para cobrarlo en ese momento y depositar los fondos en la cuenta. Incluso con todo aparentemente en orden y tras haber hablado Lois con Donna, seguía teniendo la persistente sensación de que algo saldría mal con este plan. Para empezar, no entendía por qué Donna necesitaba primero una copia del certificado de defunción. Si Lois ya había cobrado su fianza, ¿por qué necesitaba otra copia? Tenía la sensación de que algo no cuadraba con lo que me decían. ¿Podría alguien impugnar este plan de alguna manera? Esto no era algo que tuviera que constar en un testamento, ya que era una orden de transferencia al fallecer (TOD) que solo se adjuntaba a esta fianza. Podría Por lo tanto, no se impugnaría como parte del testamento. Una impugnación que presentía con certeza entre Lois y la familia Rose. No me preocupaba que la familia Rose impugnara el vínculo de nuestra familia, ya que mi relación con ellos en el pasado era ciertamente buena. De la misma manera, no creía que Lois tuviera motivos para impugnar lo que se estaba haciendo. Tenía pleno conocimiento de lo que Humpy quería hacer con el vínculo y, sin duda, si hubiera tenido intenciones con el vínculo de nuestra familia, lo habría comentado con Donna Young cuando abrió su propia cuenta. Yo no lo sabía entonces, pero casi por entonces, Lois llamó a mi hermana Karen, de Dakota del Sur, y le preguntó si ya habíamos recibido nuestra herencia. Le dijo a Karen que los Rose estaban impugnando el testamento del tío Humpy y la disposición de sus bienes. Le dijo a Karen que la herencia era cuantiosa y que temía que no recibiéramos nuestro dinero. Le sorprendió que no lo hubiéramos hablado. Supongo que su urgencia se debía en parte al temor de que algo saliera mal con sus planes de obtener la mayor cantidad posible del patrimonio de Humpy. No descarto la posibilidad de que, al principio, Lois sí quisiera a mi tío; sin embargo, al recordarlo ahora, no me cabe duda de que lo que más le interesaba era el dinero y que no podía esperar más para obtener lo que consideraba merecido por haber cuidado de Humpy durante los últimos cuatro años. Actualmente, estaba en un litigio con los Rose y creo que su principal objetivo era sacarle toda la información posible a Karen y también conseguir aliados en caso de que necesitara ayuda en su posible juicio con los Rose.

Recibí una llamada de Sue Rose. Me contó que tenían problemas para llegar a un acuerdo con Lois. Lois estaba saqueando la casa y sacarla se estaba volviendo un verdadero fastidio. Tuvieron que contratar a un abogado para evitar que se llevara cosas que estaban pegadas a la casa y que no le pertenecían. Sue quería saber si quería que hiciera algo con los objetos personales que sabía que

Humpy quería que mi familia tuviera, especialmente su escopeta, la silla del abuelo, el certificado de matrimonio enmarcado y el reloj familiar. Le dije que Lois había prometido enviármelos cuando se mudara. Sue dijo que Lois estaba en esa etapa y que, de hecho, no había estado en casa en los últimos días. Le pregunté a Sue si podía comprobar si esos objetos se habían apartado o si Lois se los había llevado y quizás me los había enviado. Se me ocurrió que debía mencionarle el vínculo a Sue, ya que no sabía con certeza cuánto les había contado Humpy al respecto y, si no lo sabían, si les parecía bien. Como Lois le ocultaba todo a la familia Rose, no estaba seguro de si estaban al tanto de los cambios recientes en el vínculo, pero como mi designación de fallecida se produjo cuando Sue también lo era, estaba bastante seguro de que lo sabían. Concluí que debía dejarlo así y no provocar más problemas si la familia Rose no estaba al tanto de los planes de Humpy.

Sue investigó el asunto de las reliquias familiares de los Druyvesteyn y determinó que el certificado de matrimonio seguía en la pared y el reloj familiar allí, pero no pudo encontrar la llave, y la silla familiar seguía allí. No pudo encontrar la escopeta, pero la investigaría. Habían contratado a un abogado para recuperar ciertos muebles de Lois y averiguar si ella tenía la escopeta. Lois había llevado un montón de cosas, todo lo que no estuviera atado, a un almacén para que la escopeta pudiera estar allí. Después de unos días, Sue me llamó para decirme que había encontrado la escopeta. Lois se la había dado al pastor de la iglesia a la que ella y Humpy asistían. El pastor dijo que Lois se la había ofrecido como regalo, pero rápidamente le dijo que si había algo malo en el regalo, sin duda la devolvería a la herencia. Cumplió su palabra y se la devolvió a Sue. La familia Rose empacó estas cosas y me las envió. Cuando por fin las recibí, me sentí aliviada de tener en posesión nuestros recuerdos familiares y de haber terminado con Lois, o eso pensé.

Marzo terminó y comenzamos abril. Pensé que este sería el mes en que cobraríamos el bono y superaríamos el último obstáculo para cumplir los deseos de Humpy y distribuir el dinero a mi familia. Había empezado a recibir los estados de cuenta mensuales de Summit Financial, que indicaban el bono y los intereses acumulados cada mes. También le había enviado a Donna Young una lista con los nombres y direcciones de mis hermanos para que pudieran recibir su distribución cuando llegara el momento. Llamé a Donna Young y me sorprendió mucho cuando se disculpó por haber pasado la fecha límite para cobrar el bono a la par y que ahora tendríamos que esperar hasta octubre para el próximo aniversario. Le pregunté cómo había podido pasar por alto una fecha tan importante y si no la había apuntado en su calendario o incluso avisado con antelación que cobraríamos el bono. Dijo que simplemente se le había olvidado y que, si queríamos, podíamos cobrarlo ahora. No quería perderme el valor nominal ni los intereses, ya que ahora sabía que la cantidad total sumaría unos 38.000 dólares. No tuve más remedio que decirle que esperaríamos hasta agosto. Estaba disgustado con su actuación, pero ahora, al mirar atrás, me doy cuenta de que debería haber seguido el consejo que me dio mi amiga hace tiempo: "Recuerda siempre que tu banquero no es tu amigo". Ni de lejos, pronto aprendería esta lección por segunda vez. Así que llegó el verano y estaba a punto de terminar. Había recibido los extractos mensuales de la cuenta familiar y la situación pintaba bien. Me alivió no saber nada de Lois ni de la familia Rose, y todo parecía normal, si es que algo es "normal". El tipo de interés era de casi el 8%, así que ¿qué podía haber de malo en dejar que se acumulara unos meses más? Era mejor que lo que se podía conseguir en un certificado de depósito u otra cuenta garantizada. ¿Qué podía salir mal ahora?

El 9 de septiembre recibí una bomba: una copia de una carta enviada por Summit Brokerage Services y dirigida a Lois Druyvesteyn.

28 de agosto de 2007, Lois Druyvesteyn [CENSURADO]
Re: Cuenta de H. J. Druyvesteyn #2895-8136

Estimada Sra. Druyve

Con respecto a la cuenta mencionada, se han revisado los registros correspondientes, incluida la Solicitud de Registro de Cuenta en Formulario de Beneficiario/Transferencia por Orden de Fallecimiento (Formulario TOD). Los registros indican que H. J. Druyvesteyn (el fallecido) ejecutó dos formularios TOD, como se indica a continuación:

- Formulario TOD, ejecutado el 28 de enero de 2004, nombrando a Terry Druyvestein como beneficiario
- Formulario TOD, ejecutado el 21 de julio de 2004, nombrando a Lois Druyvesteyn como beneficiaria

La cuenta mencionada debería haberse modificado para que reflejara su nombre a partir del 21 de julio de 2004. Como no fue así, Summit está en proceso de corregir la información. Lamento cualquier confusión o inconveniente que esto pueda haber causado. Por favor, contacte a Donna Young para hablar sobre la disposición de esta cuenta.

Si tiene alguna otra pregunta sobre este asunto, responda a la dirección que aparece a continuación o envíeme un correo electrónico a (correo electrónico).

Atentamente,
Michael Sk. Hill
Exc. Vicepresidente
Director de Cumplimiento
Cc: Donna Young, CFPI
Terry Druyvestein

¡Qué sorpresa! Ni siquiera tuvieron la cortesía de dirigirme una carta a mí, la persona que recibía los estados de cuenta mensuales de los últimos seis meses y también la persona que había pospuesto el cobro del bono para que se cobrara a la par. Yo era la persona a quien se le abrió una nueva cuenta solo para procesar este mismo bono, y ahora me notifican de un error al recibir una copia de la carta enviada al nuevo beneficiario. Fue increíble. Solo puedo imaginar la sorpresa de Lois al recibir esta carta. Probablemente fue de alegría, más que la decepción que yo sentía ahora.

Entonces, ¿esta carta fue escrita 12 días antes y ahora recibo una copia? Obviamente es un error. ¿Cómo puedo corregirlo? ¿Ya es demasiado tarde y Lois ya cobró el bono? ¿Cómo pudieron borrar mi nombre de esta cuenta y ni siquiera contactarme, salvo enviándome una carta con una demora excesiva? Necesitaba respuestas, y las necesitaba rápido. Llamé a Donna Young para averiguar cómo era posible. Donna me informó que se había cometido un error, que conocía bien a sus clientes y que Humpy siempre quiso que mi familia tuviera este vínculo. Ella lo testificaría si era necesario. Me dijo que quizás debería llamar a Lois, ya que ella también sabía que era así, y que tal vez pudiéramos resolverlo. Si Donna estaba realmente preocupada, ¿por qué no me había llamado ni me había notificado por correo? Las cosas no cuadran.

Llamé al celular de Lois, pero no obtuve respuesta. Así que llamé a su nieta en Ft. Smith, con quien había hablado y con quien me había encontrado una vez durante un viaje que hicimos Loretta, Lois y Humpy. Me dijo que su familia ya no tenía nada que ver con Lois, pero que creía que estaba en casa de su hija Linda en Oklahoma. Me dio su número de teléfono.

Llamé a Linda y me informó que Lois estaba en el hospital con una lesión en la pierna. Le expliqué que teníamos un problema con un error en la cuenta a mi nombre y que necesitaba su ayuda para solucionarlo. Linda dijo que estaba al tanto de la situación en la carta de Summit, pero creía que "Summit había alterado los registros y, por lo tanto, era su responsabilidad corregirlos". Le dije que sabía que era culpa de Summit, pero que necesitaba la ayuda de Lois para solucionar los registros. Luego le di a Linda el número de teléfono de Donna Young y le pedí a Lois que la llamara para confirmar qué debía hacerse para corregir la situación. Linda dijo que le transmitiría el mensaje a Lois, pero no me dio un número de teléfono para poder llamarla directamente. Estaba en un dilema sobre qué pasaría, si es que pasaba algo, con la llamada de Lois a Donna. Un par de días después, llamé a Donna para ver si había tenido noticias de Lois. Dijo que no había tenido noticias. Intenté llamar a Linda de nuevo, pero nunca logré que respondiera ni que me devolviera la llamada. Estaba trabajando fuera de la ciudad y le pedí a Loretta que la llamara durante el día. Loretta llamó y recibió una respuesta de Linda. Hablaron de la situación y Loretta le transmitió mis preocupaciones sobre la fianza y mi familia. Linda le dijo a Loretta que "no querían ni intentaban obtener el dinero de nuestra fianza". Al día siguiente volví a llamar a Linda y, sorprendentemente, respondió a mi llamada. No fue una mala conversación, pero Linda dijo que no No iba a recibir más llamadas mías y, si necesitaba más información, debía llamar a su abogado. Me dio el nombre y el número de teléfono de su abogado, el Sr. Roy Gean Jr., con sede en Ft. Smith, Arkansas. Así que, en lugar de hablar con Lois, tenía que tratar con su hija, Linda. Decidí que mejor era "contratar a un abogado", como dicen.

Decidí llamar a un amigo de mi hijo, a quien respetaba mucho, que se había convertido en abogado y trabajaba en un bufete en Missoula, Montana, cerca de casa. Tenía varios años de experiencia y trabajaba en un bufete de renombre. Shane organizó una conferencia telefónica entre Donna, yo y él. Shane le hizo preguntas específicas a Donna sobre qué había fallado con mi designación como TOD en la cuenta de bonos de Humpy. Donna pareció nerviosa, pero finalmente dijo que Humpy se había llevado las designaciones TOD a casa y las había traído de vuelta, ¡pero no había conseguido que Lois las certificara correctamente! Esto me pareció un poco raro, ya que Donna es notaria. Bueno, ella misma no lo entendía del todo, pero el abogado de Summit Brokerage, un tal Sr. Hill con quien trabajaba, dijo que la transferencia del bono a mi nombre como TOD no se había realizado correctamente. Le pregunté si Humpy había cambiado de opinión y se lo había dado a mi familia. Donna respondió "que yo sepa, no", y que conocía bien a sus clientes y estaba segura de que Humpy deseaba que recibiéramos el bono. Simplemente no entendía qué había salido mal. Donna es asesora financiera independiente y trabaja a través de Summit para obtener sus inversiones.

Después de las conversaciones de Shane con Donna, me aconsejó que contratara a un abogado de Arkansas para que se encargara del caso, ya que él no tenía licencia en Arkansas y no estaba familiarizado con sus leyes. Investigó el requisito del notario, ya que estaba seguro de que no se requería una firma notariada para una designación TOD en un bono en el que el cónyuge no figuraba como copropietario. Resultó que la firma notariada de Lois no era necesaria. Sin embargo, necesitaba un abogado de Arkansas. Revisó las estadísticas que publica el colegio de abogados sobre el tipo de caso que podríamos tener y eligió a tres de los mejores abogados, estadísticamente, del estado de Arkansas. Me dio sus nombres y números de teléfono.

Tenía prisa. El Sr. Gean, contratado por Linda, había llamado a Donna para que preparara los papeles y Lois pudiera cobrar la fianza. Tenía que contratar a un abogado para detener el proceso. Llamé a dos de los nombres de la lista de Shane. Ambos eran de Fayetteville, que está a poca distancia al norte de Ft. Smith. Ambas secretarias indicaron que su jefe no estaba y me preguntaron si quería dejar un mensaje. Así que lo hice, les describí brevemente mi problema y les pedí que me devolvieran la llamada lo antes posible. Incluso volví a llamar a la mañana siguiente, ya que no había recibido respuesta de ninguno de los dos, y les pedí que me llamaran hoy. Pasó otro día sin respuesta, así que llamé a Jon Rose para preguntarle si conocía algún buen abogado. Me dijo que había contratado a uno bueno hacía unos meses porque tenía un problema con Lois, que se había llevado muchas de sus propiedades de la casa de Humpy. Dijo que era joven, pero que hizo un buen trabajo para ellos. Se llamaba Troy y me dio su número de teléfono. Al no haber logrado ningún avance con los abogados de confianza de Arkansas, llamé a Troy al final del día. Troy compartió mi preocupación y dijo que llamaría a Donna de inmediato para informarle que estábamos impugnando la liberación de los fondos del fondo de bonos de Humpy, en el que yo figuraba como TOD, y que les entregaría la documentación necesaria al día siguiente. Me sentí aliviado porque por fin estaba logrando algo.

CAPÍTULO CINCO

El Primer Caso

T ROY SE PUSO MANOS A la obra con mi caso de inmediato. Me preguntó cómo quería pagar sus honorarios. Tenía la opción de pagar sobre la marcha, por hora más gastos, o firmar un acuerdo en el que él cobraría honorarios de contingencia de un tercio de lo que cobrara por nosotros. Le pregunté cuánto costaría probablemente presentar una demanda contra Lois y llegar a un acuerdo. Dijo que los honorarios legales de un caso que llevaría un juez probablemente rondarían los 12.000 dólares, más o menos unos miles. Lo consideré una decisión obvia. Con los intereses acumulados, la fianza probablemente valdría unos 210.000 dólares, así que un tercio le costaría a nuestra familia 70.000 dólares. No me cabía duda de que ganaríamos el caso e incluso si tuviera que viajar a Arkansas, era probable que pudiera mantener los costos por debajo de los 20.000 dólares. Le dije a Troy que me encargaba de las facturas mensuales y que le enviaría un anticipo de $2,000 para empezar.

El 27 de noviembre de 2007, recibí una carta de mi abogado Troy informando que se había enviado una orden judicial a Summit Brokerage, firmada por el abogado de Lois, Roy Gean Jr., instruyéndoles a no distribuir dinero de la cuenta de Humpy's hasta que se resolviera nuestro caso. Esta orden judicial les impediría realizar distribuciones ilegales, o eso creía yo.

No fue hasta el 21 de enero de 2008 que Troy estudió el caso y me dio sus recomendaciones. Troy había recibido todos los documentos de Summit Brokerage y los había analizado, llegando a las siguientes conclusiones: en enero de 2004, la cuenta se abrió a mi nombre y, en julio de ese mismo año, se dio de baja y se abrió a nombre de Lois. Sí, bueno, esto ya lo sabía. Troy dijo que lo siguiente era lo que le preocupaba de nuestro caso:

Tendremos que argumentar que, o bien ella (Lois) influyó indebidamente en él (Humpy) y básicamente lo obligó a transferir las cuentas a su nombre en julio, o bien tendremos que argumentar que Humpy era incompetente en julio cuando las cedió. Lo que me preocupa es que creo que nuestro mejor argumento es la incompetencia, ya que, tras hablar con testigos y el resto de su familia, creo que hay argumentos válidos para afirmar que era incompetente en ese momento. Pero no creo que podamos tener éxito en un argumento de incompetencia porque estas dos fechas (designarlo como fallecido y luego eliminarlo como fallecido) están muy próximas. No se considera una transferencia efectiva en julio de 2004 si era incompetente, pero al mismo tiempo tendríamos que argumentar que se volvió incompetente entre enero y julio de 2004. La razón por la que tendríamos que argumentar esto es que su transferencia también sería inválida si él era incompetente en enero cuando puso la cuenta a su nombre como beneficiario del pago por fallecimiento. En mi carta, contratando a Troy y enviándole un anticipo de $2,000, recalqué que Humpy y mi familia seguían siendo muy unidos y, basándome en todas mis conversaciones con él, sabía que Humpy quería que yo obtuviera la fianza y repartiera las ganancias entre nuestra familia. Nunca hubo indicios de que hubiera cambiado de opinión y estaba seguro de que no había hecho nada intencionalmente para cambiar estos planes. También sabía, tras haber hablado con la familia Rose en numerosas ocasiones cuando Humpy estuvo hospitalizado, que estaban convencidos de que Lois era una cazafortunas controladora y malvada, y que estaba decidida a acabar con la vida de Humpy lo antes posible para que pudiera empezar a vivir la vida que soñaba cuando se casó con él. Esto también estaba respaldado por la opinión de su amigo íntimo Hub, quien, en su carta, me escribió: «A Lois nunca le gustó que estuviéramos juntos cuando ella no estaba con nosotros. Quería contarle a Humpy lo que estaba haciendo, pero temía herir sus sentimientos, ya que era bastante astuta en lo que hacía».

Como se mencionó anteriormente, Jon Rose contrató inicialmente a Troy como su abogado en el caso contra Lois para recuperar bienes que ella había sustraído ilegalmente de su casa. Humpy legó sus vehículos, su casa y todos sus bienes inmuebles a su familia anterior. Esta era la familia Rose, que Humpy había formado con su exesposa, Bobbie. Lois logró aislar a todos los familiares y amigos de Humpy de su presencia, pero no pudo modificar el Testamento, que resolvió la mayoría de los asuntos sucesorios con antelación, y esto no incluía a Lois. Humpy la cuidó con un seguro de vida, al menos una fianza, efectivo y dos dúplex que debían utilizarse para generar ingresos para ambos y, si Humpy fallecía primero, para Lois después de su fallecimiento. Ahora era evidente que la participación de Troy en el caso anterior con Jon le había expuesto a la verdadera naturaleza de Lois y estaba influyendo en su opinión sobre el litigio actual. Aunque una parte de mí quería exponer a Lois por quién era y lo que había hecho, también había otra que decía: «Puede que esto no sea del todo cierto, y aunque lo fuera, será difícil de probar». Sin duda, Lois era una cazafortunas, pero ¿podríamos probar que quería acabar con su vida? También sabía que Lois mantenía alejados a los viejos amigos y familiares de Humpy y, sin duda, controlaba cada aspecto de su vida, y esto seguía aumentando a medida que mi tío se debilitaba y no podía defenderse. Supongo que tendría que escuchar a mi abogado, ya que él era la autoridad legal. Supuse que habría varios puntos legales que tendríamos que investigar para obtener justicia contra Lois. Le expresé a Troy mi preocupación por la influencia y la coerción indebidas, y reiteré mi preocupación de que se hubiera hecho algo para alterar los documentos o que se hubiera cometido un simple error. ¡Un simple, pero muy grave error!

El 17 de febrero de 2008, me preocupé al no tener noticias de Troy. Le envié un correo electrónico y recibí respuesta. Troy había estado recibiendo tratamiento para un tumor cerebral y estaba a punto de finalizarlo. Planeaba regresar a la oficina el 28 de febrero, a tiempo completo. Por un lado, me sorprendió, pero me alegró que estuviera bien. Por otro lado, me preguntaba si esto afectaría su desempeño futuro en mi caso. ¿Qué tipo de tratamientos estaba recibiendo? ¿Afectaría su capacidad para pensar con claridad? Decidí que necesitaba apoyo ahora mismo y que seguiríamos adelante hasta que hubiera alguna razón en el futuro para pensar de otra manera.

Troy entonces, por así decirlo, eximió a Summit Brokerage de toda responsabilidad. Me quedé asombrado. Quizás ellos fueran la razón del error, pero Troy dijo que no teníamos otra opción. El error, si es que hubo alguno, se cometió en julio de 2004. La carta que nombraba a Lois como la causante del delito se le envió en agosto de 2007. Esto era justo después del plazo de prescripción de tres años para este tipo de error. No había nada que hacer ahora y, además, Troy necesitaba el testimonio de Donna y de la familia Rose de que Lois estaba ejerciendo una presión indebida sobre Humpy durante su último año de vida. Aquí volvemos a la coerción y a la excesiva atención que se le dio a ese aspecto del caso. Me preguntaba cómo podía haber un plazo de prescripción que empezara a correr por un error que ni siquiera se conocía en ese momento. Parece que, según la ley, no se es responsable de un error mientras no se tenga conocimiento de él. ¿Acaso las instituciones financieras simplemente evitan "saber" algo hasta que se excede el plazo? Si descubren un error, ¿pueden simplemente ocultarlo durante unos meses más hasta que puedan revelarlo sin temor, porque entonces, su responsabilidad habría prescrito? Me parecía que Summit Financial había descubierto el error al preparar el cobro del bono en abril. Por lo tanto, Donna incumplió la fecha límite para cobrar el bono en abril y lo retrasó cinco meses más, o hasta que se escribió la carta a Lois, nombrándola como TOD, a finales de agosto. Había muchos aspectos que no me gustaban de este acuerdo para, básicamente, dar inmunidad a Summit Brokerage a cambio del testimonio de Donna Young. Por supuesto, no tenía pruebas de que Summit Brokerage hiciera algo así intencionalmente.

Troy también dijo que deberíamos contratar a un calígrafo. Necesitábamos el testimonio de un especialista para poder demostrar la falsificación de Lois. Esto, sumado al testimonio de Donna y la familia Rose, prácticamente resolvería nuestro caso. Bueno, existía la posibilidad de que Lois firmara los papeles y no Humpy. Sabía que Humpy no quería alterarlos, así que podría ser una falsificación. Le dije a Troy que siguiera adelante y contratara a un calígrafo.

Troy tendría que conseguir los "documentos originales" de Summit Brokerage para que su calígrafo determinara la autenticidad. Calculó que esto costaría unos 600 dólares y, si el especialista consideraba que la firma era fraudulenta, prepararía un informe para el tribunal y, por supuesto, iría a testificar. Además de los honorarios de los abogados, los costos empezaban a acumularse.

La primera persona a la que Troy quería tomar declaración sería Donna Young. También quería obtener la declaración de Lois y quizás podría hacerlo el mismo día para que yo no tuviera que ir dos veces a Ft. Smith. Necesitaríamos un taquígrafo judicial y, al menos con Lois, este costo se compartiría equitativamente. Calculó que el costo del taquígrafo judicial sería de unos $500. Troy pensó que estos dos argumentos, el posible error de Donna Young y el argumento de la falsificación, serían decisivos para el caso. Troy también dijo que deberíamos contratar a un calígrafo. Necesitábamos el testimonio de un especialista para poder demostrar la falsificación de Lois. Esto, sumado al testimonio de Donna y la familia Rose, prácticamente resolvería nuestro caso. Bueno, existía la posibilidad de que Lois firmara los papeles y no Humpy. Sabía que Humpy no quería alterarlos, así que podría ser una falsificación. Le dije a Troy que siguiera adelante y contratara a un calígrafo.

Troy tendría que conseguir los "documentos originales" de Summit Brokerage para que su calígrafo determinara la autenticidad. Calculó que costaría unos 600 dólares y, si el especialista consideraba que la firma era fraudulenta, prepararía un informe para el tribunal y, por supuesto, iría a testificar. Además de los honorarios de los abogados, los costos empezaban a acumularse.

. Pensé que la declaración de Lois sería más cuantiosa. ¿Cómo pudo Lois negar que estuvo en la sala de Humpy en 2006 (dos años después de que supuestamente cambiaran la fianza, convirtiéndola en la nueva persona fallecida) cuando Humpy me dio instrucciones sobre la fianza? ¿Cómo pudo negar que me dijo directamente que también debía "agradecerle" por conseguir la fianza para nuestra familia? ¿Cómo pudo negar que llamó a mi hermana Karen y le preguntó si ya habíamos cobrado la fianza? Esta llamada a Karen tuvo lugar varios meses después de la muerte de Humpy. Además, si llegó a pensar que la fianza se había cambiado a su nombre, ¿por qué no se lo mencionó a Donna Young? ¿Por qué no la cobró como hizo con su otra fianza? Todo esto era muy importante para mí, ya que requeriría que Lois, bajo juramento, mintiera. Supongo que en el sistema legal eso debe ser una práctica común, pero no me imagino que la gente prefiera mentir a decir la "verdad". Supongo que tendremos que esperar a ver cómo maneja Lois esto. Le di a Troy una lista de fechas cuando tenía otros compromisos y me sería difícil asistir a las declaraciones. Estaría disponible aproximadamente dos tercios del tiempo durante los próximos seis meses, así que deberíamos poder programar las cosas. Como siempre, las cosas no siempre salen como se planean. ¿Te parece lo mismo? En fin, no pudimos concretar una fecha para Lois y Troy necesitaba tomar declaración a Donna, así que programó la suya para que fuera la primera. Por eso, no pude asistir en persona y él encargó a su asistente, Amanda Cox, que diera la declaración. No sé por qué Troy no pudo hacerlo él mismo, pero quizás, en retrospectiva, hubiera sido mejor que lo hubiera hecho. Lo digo desde la perspectiva de que se necesita conocimiento directo de las cosas para evaluar adecuadamente sus méritos y presentarlas ante el tribunal.

Donna Young prestó declaración el 23 de mayo de 2008 a las 10:35 a. m. en su oficina de Van Buren, Arkansas. Donna declaró que era planificadora financiera certificada independiente. No pertenecía a una sucursal de Summit Brokerage. Había trabajado con mi tío Humpy durante unos tres años antes de fundar su propia firma, en 2004. Anteriormente, había trabajado para Morgan Stanley, donde Humpy era cliente. Al fundar su propio negocio, se llevó consigo a varios de sus antiguos clientes, y Humpy era uno de ellos. En Morgan Stanley, Humpy tenía dos cuentas: una de bonos, en la que Sue Rose era la última de la deuda (TOD). La otra, en la que Terry Druyvestein era la última de la deuda (TOD). Cuando estas cuentas se transfirieron a su nueva empresa en enero de 2004, se requirió la documentación necesaria para integrarlas en su nuevo sistema. Humpy le indicó que cambiara el TOD de Sue Rose a su esposa Lois. Le indicó que dejara el TOD de Terry tal como estaba. Se le preguntó si Humpy alguna vez le pidió que cambiara estas cuentas posteriormente. Ella dijo que no, que nunca las pidió. La declaración de Donna continuó:

> P   Entonces, ¿qué cuentas se abrieron cuando llegaron a su nueva firma? R Abrimos la cuenta n.º 8136 para el bono en el que Terry había sido nombrado previamente como TOD y abrimos una nueva cuenta n.º 8134 para el bono en el que Sue Rose había sido nombrada previamente como TOD.
>
> P   Entonces, ¿había dos cuentas, una para cada bono, cada una con un TOD diferente?
>
> R   Correcto, estas se abrieron en enero de 2004.

P   Entonces, según los formularios, ¿se nombró un nuevo TOD en julio de 2004? R Sí, según los formularios, Lois fue designada como TOD de la cuenta 8136.

P   ¿Por qué cree que esto fue un error?

R   Si ambos bonos hubieran tenido el mismo TOD, los habríamos transferido a la misma cuenta. No habría cambiado el TOD de esta cuenta porque cambiar el TOD habría significado dos cuentas idénticas, eso no tiene sentido.

P   ¿Entonces habría transferido los bonos de la cuenta 8136 a la 8134? R Correcto, entonces la otra cuenta habría estado vacía. Habría tenido todo en una sola cuenta, si eso era lo que Humpy me había pedido.

P   Entonces, después de ese tiempo, ¿tuvo alguna conversación con Humpy? R Por supuesto.

P   Bien. ¿De qué se trataban esas transacciones y conversaciones?

R   No tuvimos ninguna transacción, pero él venía con frecuencia y necesitaba comprobar si sus cheques de dividendos habían llegado realmente a su banco. Tenía varios cheques de dividendos procedentes de tres fuentes diferentes y se estaban depositando directamente en el banco. Yo revisaba sus estados de cuenta, conciliaba todo y me aseguraba de que todos sus ingresos se destinaran a su destino.

P   ¿Y estaba Lois con él en esas ocasiones?

R   Sí, siempre.

P   Entonces, Lois estaba con Humpy cuando le presentaron las cuentas el 28 de enero de 2004, ¿y vio usted a Humpy firmar los documentos? R Sí, lo hice.

P   ¿Y entonces nunca volvió a hablar con usted después de enero de 2004 para decirle que quería hacer un cambio y transferir todo a Lois?

R   No, y la cuenta nunca se volvió a registrar a nombre de Lois, así que siempre se registró a nombre de Terry.

Como Donna había declarado el 23 de mayo de 2008 y no había tenido noticias de Troy, le envié un correo electrónico con una lista de preguntas el 10 de junio. Me respondió de inmediato.

Terry, disculpa las demoras. Ya tengo agendada la cita.

1.   La declaración de Donna salió de maravilla. Todo lo que dijo fue favorable para nosotros. Humpy siempre quiso que el dinero fuera para usted y lo recuerda claramente, y nunca se dio cuenta de lo contrario.

2.   Me han dicho que Lois está en el hospital y muy enferma, y que no podré declararla hasta dentro de un mes.

3.   Recibí los originales de Summit en el correo de ayer. He contactado al perito calígrafo para saber cómo entregárselos. El juez me ordenó conservarlos, así que tendré que obtener permiso para entregárselos una vez que tenga noticias suyas y un presupuesto.

4.   La declaración de Young me dio esperanza. Iría a juicio ahora con lo que tenemos (Donna y la familia Rose ansiosas por testificar que Lois controlaba a Humpy y lo coaccionó para que actuara a su favor) y siento que tenemos una oportunidad legítima. El perito calígrafo sería la guinda del pastel. Lo he recurrido en otros casos. Pero es muy directo; no nos dirá lo que queremos oír. Será una opinión tipo FBI.

Genial, en mi opinión. Como dije al principio, me considero una persona honesta. No querría que me asociaran con un perito calígrafo poco profesional. La declaración me pareció estupenda, ya que Donna dijo que había un error, no había otra opción. El problema parecía ser demostrar que se había cometido el error, con la suficiente claridad como para que el juez se convenciera de que la fianza debía ser devuelta a mi familia.

El 15 de julio de 2008, envié un correo electrónico a Troy.

Troy:

1. ¿Cuál es el estado del análisis del perito calígrafo? 2) ¿Cuál es el estado de la declaración de Lois? Tengo entendido que Lois llamó hace poco a una vecina de su antiguo barrio. Le preocupaba que su hija Linda estuviera gastando su dinero demasiado rápido y estaba considerando demandarla. Dijo que se había operado de la rodilla, pero que parecía estar bien. ¿Está usando estas razones médicas para retrasar la declaración o se debe simplemente a que su abogado la está aconsejando? Sus amigos dicen que no está tan enferma.

El 22 de julio de 2008, Troy respondió.

Terry:

1. No he tenido noticias del perito calígrafo.
2. Le he enviado una notificación de declaración a Lois. Su abogado insiste en que está enferma, pero no le creo. Es tan difícil tratar con él como con ella. Así que no sé quién es, si Lois o Roy Gean Jr. Les he dado un mes para que la presenten. De hecho, he fijado una fecha específica.

Como resultado, si no quieren tenerla ese día, tendrán que presentar una moción ante el juez para anular mi citación y presentar pruebas médicas en una audiencia.

El 1 de septiembre de 2008, le envié un correo electrónico a Troy.

Troy:

1. Estabas obteniendo una orden judicial para que Lois declarara. (Le dieron un mes). ¿Qué ha sucedido? ¿Necesitamos un investigador privado?
2. ¿Cuál es el estado del grafólogo?
3. ¿Hay algún problema con este caso que desconozca? ¿Con los pagos o las finanzas?

El 2 de septiembre de 2008, Troy respondió.

Terry:

1. ¿Qué opinas de programar una audiencia y notificar a Lois para una declaración telefónica? El problema es que me encontré con una sorpresa cuando supe la fecha en que te asignaron la cuenta. Recuerda, originalmente quería argumentar que Humpy estaba incapacitado cuando firmó los cambios en los documentos y usar su historial médico para demostrarlo. Pero eso fue antes de descubrir la proximidad entre la fecha del cambio en la fecha de la muerte y la fecha en que te firmé la cuenta. Por lo tanto, creo que es poco probable que podamos determinar con precisión su deterioro mental entre esas dos fechas. Por lo tanto, creo que la mejor manera de proceder es alegar influencia indebida. Utilizaríamos a Donna Young, a usted y a la familia Rose para testificar que Humpy siempre quiso

que usted tuviera el bono. Luego, argumentaríamos con el testimonio de todas las fuentes cómo Lois impidió el contacto con amigos y familiares para obligar a Humpy a cederle bienes.

2. Quería que el perito calígrafo me entregara su informe antes de tomar declaración a Lois. Parece que la razón por la que no me ha enviado un informe es que quiere ahorrarse el costo de uno que no nos conviene. Hablaré con él por teléfono, pero parece que no puede demostrar con certeza que hubo una falsificación.

3. No, no hay ningún problema financiero. Usted ha sido un buen cliente y ha pagado sus facturas puntualmente.

4. Quiero enfatizar que necesita comprender las razones por las que no creo que la demanda por incompetencia sea viable y también que comprenda lo que necesitaremos probar para determinar la influencia indebida.

Me consternó que pareciera que estábamos en la misma situación que hacía meses, intentando demostrar incompetencia o influencia indebida. Para un hombre sencillo, se había cometido un error, simple y llanamente. Corrige la injusticia simplemente corrigiendo el error. Obviamente, me parecía que estábamos siguiendo el camino equivocado, pero yo no soy el abogado.

El 17 de noviembre de 2008, le escribí un correo electrónico a Troy.

Troy

1. Veo que has solicitado un cambio en la fecha de la audiencia de nuestro caso. ¿Significa esto que pronto habrá juicio?

2.   Mi hermana, Karen, ha anotado los hechos de la llamada de Lois tras la muerte de Humpy. ¿Debería enviarte una copia?

3.   ¿Qué te parece mi idea de aceptar depositar el dinero del bono en una cuenta del mercado monetario? Al menos obtendríamos algunos intereses y estaríamos seguros durante este largo proceso judicial. También me preocupa que, si no se cobra el bono de Ford, Ford podría declararse en bancarrota, como ya lo hizo GM, lo que complicaría aún más las cosas.

El 17 de noviembre de 2008, Troy respondió:

Terry:

1.   Estoy bastante seguro de que el juicio se fijó para el 30 de enero y te he enviado la confirmación por escrito.

2.   Envíame lo que ha escrito tu hermana y, si va a ser un testigo clave, conseguiré una fecha posterior (febrero o marzo) para el juicio.

3.   Sin respuesta.

El 18 de noviembre de 2008, le envié un correo electrónico a Troy:

Troy:

1.   Adjunto la carta de Karen Spring, mi hermana, en la que aborda lo que le dijeron sobre la llamada telefónica de Lois poco después de la muerte de Humpy. Creo que es una testigo muy creíble y su testimonio es valioso.

2.   Espero que podamos fijar pronto una fecha para el juicio. Podemos adaptarnos y asegurarnos de estar bien preparados. ¿Quizás deberíamos estar allí con un día de antel-

ación para prepararnos? En fin, tú fijas la fecha del juicio y yo programo la hora.

3. Con respecto a Summit Brokerage y Donna Young, debemos hacer las siguientes preguntas, al menos durante el juicio.

A) ¿Cuándo recibió Summit el formulario para cambiar la fecha de la audiencia? Los registros de Donna no coincidían con los de ellos. ¿Cómo es posible? Humpy nunca trató directamente con Summit, siempre a través de Donna. Entonces, ¿el Sr. Gean, abogado de Lois, afirma que Humpy pudo haber cambiado la fecha de la audiencia por su cuenta? No lo creo. ¿Intentó Lois cambiar los registros por su cuenta? Me lo podía creer.

B) Lois se reunió con Donna poco después de la muerte de Humpy para cobrar su fianza. ¿Se habló del bono que iba a ser para nuestra familia? Creo que probablemente sí. ¿Cuál fue el tono de la conversación? Lois sabía perfectamente adónde iría el bono, así que pregúntale a Donna qué se dijo. La siguiente declaración se adjuntó al correo electrónico enviado a Troy sobre la declaración de Karen Spring:

"Cuando falleció el tío Humpy, Lois le dejó claro a mi familia que habría un servicio privado para mi tío y que nosotros (la familia Druyvestein) no estábamos invitados. Así que, cuando Lois me llamó a nuestra tienda en Custer, me sorprendió saber de ella, sobre todo porque nunca me había llamado. Después de unos minutos, Lois dijo que necesitaba hablar con mi hermano, Terry, y que me pedía su número de teléfono. Estaba casi seguro de que ya tenía su número, pero lo busqué y se lo di. Dijo que ese era el número que tenía, pero que no había podido contactarlo y que necesitaba hablar con él porque los Rose estaban impugnando el testamento del tío Humpy y la disposición de sus bienes. Estaba muy disgustada por eso y, al cabo de un rato, dijo que no sabía por qué la perseguían, ya que el tío Humpy le había dejado a Terry el doble de lo que le había dejado a ella.

Como no quería involucrarme en su disputa con los Rose sobre el testamento del tío Humpy, le dije que realmente no sabía nada sobre su testamento ni quién heredaría qué. Pareció sorprendida de que no hubiéramos hablado de esta herencia, pero añadió que valía mucho dinero y que el tío Humpy había nombrado a Terry como beneficiario. No recuerdo si especificó cuál era la herencia, pero dijo que el tío Humpy se la había dejado a Terry y que estaba segura de que la compartiría con el resto de nosotros (mis hermanos y hermanas); o al menos eso esperaba. Después de hablar un poco más sobre cómo estaba, etc., colgó diciendo que tenía la intención de llamar a Terry.

Para mí, esta llamada telefónica respaldó claramente mi afirmación de que se había cometido un error. Lois sabía exactamente cómo Humpy nos había indicado a ella y a mí quién debía recibir esta fianza. Esto es lo que Humpy nos contó en su casa en la primavera de 2006, dos años después de la fecha en que supuestamente se modificó el TOD. Lois claramente desconocía el error con respecto al TOD cuando habló con Karen, y cuatro o cinco meses después, Summit descubrió el conflicto en sus archivos y le notificó a Lois que, evidentemente, ella había sido designada como TOD. Lois y su hija Linda contrataron entonces a un abogado, Roy Gean Jr., para que reclamara el dinero. Ya no tenían ni idea de lo que Humpy había ordenado que se hiciera, ni de cómo se podría hacer justicia. Ahora solo les quedaba la certeza de que con un abogado astuto podrían conseguir el dinero. Para algunos, eso se llama legal, yo lo llamaría avaricia.

El 1 de diciembre. El 3 de marzo de 2008, le envié un correo electrónico a Troy.

Troy:

1.   Entiendo que el juicio tendrá lugar el 30 de enero. Será un viernes. ¿Es una fecha fija para planificar? He consultado las conexiones aéreas y no son buenas. Iré en coche y llegaré temprano para que podamos reunirnos y planificar todo. (Consulté mapas y descubrí que el trayecto es de 2887 kilómetros y un tiempo estimado de 26 horas, si las carreteras están en buen estado).

2.   Espero que haya recibido la carta de mi hermana Karen. Puede que no esté disponible para testificar y quizás sería mejor tomarle declaración jurada o algún tipo de declaración jurada.

3.   ¿Cuándo nos reuniremos para planificar el juicio? Supongo que será justo antes de la fecha del juicio para que todo esté fresco en su memoria, pero también necesitamos saber si se necesitan personas o declaraciones ahora para que podamos tenerlas disponibles en el juicio. En fin, no sé muy bien qué esperar, así que quizás pueda explicarme qué necesita hacer para prepararse para el caso y poder ayudarle en todo lo que pueda. El 17 de diciembre de 2008, Troy respondió.

Terry:

1.   No hay respuesta directa.

2.   Si Karen va a ser testigo, tendremos que tomarle declaración jurada por teléfono en presencia de Roy Gean Jr. No podemos usar la declaración escrita. El 31 decidiremos si vale la pena gastar dinero en ello.

3.   ¿Podría reservar una hora el 31 de diciembre? Claro, es Nochevieja. Podríamos hacerlo a cualquier hora que desee, pero cerraremos la oficina a las 4 p. m. Intentaré que Jon Rose también esté disponible. Quizás podamos hacerlo por la mañana, ya que Jon lleva la licorería y la tarde puede ser un día importante para sus ventas. Podemos planificar el juicio en general en ese momento y luego, cuando venga antes del juicio, podemos repasar los últimos detalles. Estaba pensando en el miércoles antes del juicio del viernes, ya que ya tengo programada mi comparecencia ante el tribunal el jueves.

Bueno, veo que este tipo está ocupado. Programar una conferencia telefónica en Nochevieja fue, digamos, "impresionante". (También podría significar que tiene demasiado trabajo o está demasiado ocupado y no tiene tiempo para cubrir todas sus necesidades, espero que no). Así que quería una hora antes de las 4:00 (hora central), que serían las 3:00 (hora de la montaña). Bueno, cuanto antes, mejor.

Respondí por correo electrónico el 18 de diciembre de 2008. Troy:

"Sí, puedo estar disponible el 31 para una conferencia telefónica. Lo ideal sería por la mañana, digamos sobre las 8:00 a. m., hora de mi ciudad. Serían las 9:00 a. m., hora del centro. Si quieres hablar antes, puedo hacerlo a las 8:00 a. m., hora de tu ciudad.

Sí, me gustaría que Karen testificara. Supongo que lo decidiremos con certeza el 31. Puedes contactarla en su casa al (xxx xxx xxxx) antes de fin de año y quizás algunos días la primera semana del año siguiente.

Después, puedes usar su celular (xxx xxx xxxx) después de la primera semana de 2009.

Sí, creo que Jon Rose sabe mucho sobre la naturaleza controladora de Lois y debería testificar. También Bob y/o Sue Rose si lo consideras necesario. Hub, el mejor amigo de Humpy, también es una posibilidad, pero podemos hablarlo el 31. Donna Young es imprescindible. No estoy seguro de quién en ella o en la oficina de Florida pueda... Responda a la pregunta de cuándo se registró realmente el cambio de beneficiario en los archivos. Bueno, supongo que hablaremos de todo esto el 31. Espero que esté bien y le deseo a usted y a su familia una feliz Navidad.

31 de diciembre de 2008, Conferencia telefónica

Troy se centró principalmente en la necesidad de demostrar una influencia indebida sobre Humpy, y esta mentalidad indicaría que Humpy efectivamente alteró los registros y me eliminó como el TOD de su cuenta. El argumento era básicamente que sí, sí cambió el TOD como consta en los registros, pero lo hizo bajo influencia indebida. Sin duda, la familia Rose también estaba detrás de la idea de que Lois había tomado el control de la vida de Humpy cerca del final, ya que se había hecho cargo por completo de todas las decisiones que tomaba. Esto era evidente en lo que había hecho tanto antes como después de su muerte. El único problema con todo este razonamiento era que el cambio del TOD se realizó casi tres años antes de su muerte. Antes de morir, Humpy fue llevado al hospital, donde Lois se había negado a recibir tratamiento y no había permitido que nadie más que ella tomara decisiones sobre su cuidado. A los mejores amigos de Humpy no se les permitía estar con él, especialmente a solas. Lois había construido un muro entre Humpy y todos sus antiguos amigos y familiares. Es posible que incluso haya acelerado su fin al impedirle recibir el mejor tratamiento. Para muchos, el motivo de Lois era deshacerse de Humpy para poder finalmente seguir adelante con su vida y obtener el dinero que necesitaba.

Nunca entendí por qué Lois enterraba a Humpy en el cementerio familiar, reservando su lugar entre su primer marido y el actual Humpy. Cuando Loretta y yo fuimos de visita, menos de un año antes de que Humpy falleciera, tanto Lois como Humpy dieron instrucciones estrictas: Humpy debía ser enterrado junto a Bobbie, su exesposa, y Lois junto a su exmarido. Luego, Lois cambió todos los planes al no permitir que nadie asistiera al funeral, ya que era solo para "amigos cercanos de su familia". Sabía que esto molestaría a todos los amigos y familiares de Humpy, pero creo que ese era su propósito. Quería dejar claro que "ELLA" era ahora la cabeza de familia y que "ELLA" era quien mandaba. No tardó mucho en ejercer su autoridad. Inmediatamente se apoderó no solo de todas las propiedades que consideraba suyas, sino también de cosas que habían sido designadas a otros. Afortunadamente, la mayoría de estos bienes estaban detallados en un testamento o habían sido cubiertos por títulos de propiedad previamente modificados. Había algunas cosas, objetos pequeños como la silla de mi abuelo, el reloj familiar y la escopeta de Humpy, que no tendrían título.

Hay muchas cosas que se coleccionan a lo largo de la vida que solo tienen valor para ciertas personas. Por eso existen reliquias familiares que se transmiten solo a través de miembros selectos de la familia. Esperamos que estas personas conserven estos objetos, los guarden para que todos los aprecien y, con el tiempo, los transmitan a través de las líneas familiares. Lois no apreciaba estos objetos. Esto se hizo evidente en cómo le pasó la escopeta de Humpy a su pastor. Yo, en cambio, la deseaba de verdad. Significaba mucho para mí y ahora cuelga sobre mi chimenea junto con las escopetas o rifles de otros cuatro miembros de mi familia. La escopeta de Humpy me recuerda la época de caza de faisanes de mi juventud. La escopeta de mi padre está justo encima de la suya. Tengo un nieto que las recibirá cuando yo fallezca. Ya está decidido, al igual que Humpy lo había decidido previamente. Esto no tenía ningún significado ni valor para-Lois. Troy y la familia Rose estaban concentrados en el pésimo comportamiento de una esposa "cazafortunas". También sentí la necesidad de vengarme por cómo trató a Humpy y por cómo desairó a la familia tras su fallecimiento. Sin embargo, esta no debe ser mi principal motivación. Desquitarse nunca es la mejor manera de actuar. Además, podría impedirme descubrir la historia completa de lo sucedido. La motivación egoísta de Lois era sin duda una parte del rompecabezas, pero tenía que haber algo más.

Finalmente, Troy dijo que debíamos estar preparados para hacer una oferta de acuerdo, ya que el juez preguntará si hemos intentado llegar a un acuerdo para resolver el asunto sin gastos adicionales de juicio, etc. Esa conversación me irrita un poco en nuestro sistema. Cuando uno tiene razón, ¿por qué debería conformarse con mucho menos solo porque corre la amenaza de gastar mucho más en honorarios legales para obtener justicia? ¿Por qué la parte perdedora no tiene que pagar todos los gastos legales de ambas partes? Creo que así se hace al menos en algunos otros países. La razón por la que tenemos tantos abogados en Estados Unidos es resultado de esta práctica. Se argumenta que si uno corre la amenaza de tener que pagar los honorarios legales de ambas partes, una persona pobre no querrá demandar aunque tenga un caso sólido. Es un argumento bastante legítimo, pero no se sostiene en muchos casos. Los abogados justifican sus honorarios exorbitantes, basados en una contingencia del 33% e incluso hasta el 50%, para "cubrir el costo de los casos que pierden". Esto me demuestra que muchos casos llegan a un "tribunal", que nunca debería haber existido, y esto le cuesta mucho dinero a mucha gente. No solo al demandante, sino también al demandado, especialmente en una demanda frívola.

Un ejemplo: Como mencioné antes, trabajé en el sector de la ingeniería y la topografía durante más de treinta años. Nuestra empresa firmó un contrato con una constructora para realizar la topografía para un proyecto de construcción de carreteras. El contratista había obtenido un contrato con el departamento de carreteras de Montana para construir una nueva carretera sobre Rogers Pass, en el noroeste de Montana. Durante este proyecto, un trabajador del contratista alegó que se había lesionado la espalda mientras trabajaba como obrero en la tala de árboles para la reconstrucción de la carretera. El trabajador alegó que los topógrafos habían dejado a un "ventanero" en el proyecto y que el contratista no le había proporcionado un entorno seguro para trabajar. Un "ventanero" es un término utilizado en el sector maderero para describir una situación en la que un árbol talado queda colgado de las ramas de otro. Cuando el otro árbol es cortado, presumiblemente en este caso por un trabajador desprevenido, el árbol colgado se desprende y cae sobre el trabajador desprevenido, a menudo matándolo. Así, siguiendo el procedimiento legal habitual, el abogado de la víctima nombra a todos los involucrados en el caso como demandados: al Departamento de Carreteras, por permitir que se desarrollara una condición insegura; al contratista de la construcción, por no proporcionar un lugar seguro para trabajar; y a la empresa de topografía, por dejar a un "ventanero" mientras despejaban la línea de topografía. La demanda reclama una indemnización de cinco millones de dólares por daños y perjuicios Y sufrimiento, por pérdida de la capacidad laboral, y no recuerdo qué más. Mi empresa, como perito del proyecto, recibió una notificación de que nos estaban demandando. Nosotros, a su vez, contactamos a nuestra compañía de seguros para informarles que tal vez tendrían que defendernos. Llamé a todos los peritos que habían trabajado en el proyecto para averiguar si podríamos haber dejado a un "ventanero" en el campo. Nuestros chicos eran expertos en su trabajo y dudaba que la reclamación fuera cierta. Una tras otra, las personas que trabajaron en el proyecto negaron haber usado una motosierra en la parte del proyecto donde supuestamente ocurrió el accidente. Digo "supuestamente" porque, en primer lugar, el contratista general tiene un oficial de seguridad al que se deben reportar todos los accidentes; y, en segundo lugar, se habría elaborado un informe del accidente. Nada de esto se hizo. El trabajador no supo la gravedad de su lesión hasta la mañana siguiente, cuando tuvo que ir al médico. En fin, nuestros chicos dijeron que no lo hicieron. La zona donde ocurrió el accidente había sido previamente inspeccionada por los equipos del Departamento Estatal de Carreteras, por lo que no fue necesario despejar las líneas de medición. Además, el acuerdo de servidumbre de paso que el Estado tenía con los propietarios de los terrenos adyacentes les permitía talar cualquier madera de su propiedad antes de que el contratista de construcción procediera a la limpieza final.

Nuestra empresa solicitó al Tribunal que se nos eximiera de ser mencionados en esta demanda. Nos fue denegada. Así pues, procedimos a recopilar registros de trabajo, testimonios de nuestros trabajadores y, en general, a responder a una incesante solicitud de información. También contratamos a un investigador privado para obtener información sobre el hombre que había interpuesto la demanda. Descubrimos que había venido a Montana desde Illinois, donde había recibido una indemnización considerable con su anterior empleador. Como era de esperar, por una lesión de espalda. También descubrimos que el hombre llevaba a su familia a pescar casi todos los días y subía neveras portátiles, cajas de aparejos, etc. a su bote. Pensé: «Este tipo es simplemente un estafador». Estafa o no, descubrí que ninguna de esta información sería admisible en un tribunal, ya que podría perjudicar al jurado. ¡Guau! El historial de alguien no es admisible, pero mi historial en cuanto a infracciones de seguridad y su respuesta para corregir problemas de seguridad es perfectamente admisible. Por suerte, teníamos un buen historial de seguridad. En cualquier caso, les iba a costar mucho demostrar que tuvimos algo que ver con la lesión de esta persona, si es que la había sufrido.

El caso se alargó durante años. Se presentaron más documentos, se respondieron más preguntas, se tomaron más declaraciones de los empleados. Finalmente, en una audiencia preliminar para llegar a un acuerdo, ordenada por el juez, se le preguntó a mi empresa cuánto pagaríamos para cerrar el caso. Mi respuesta fue: "Nada". El Departamento Estatal de Carreteras estuvo representado, al igual que el contratista de la construcción. No negociamos juntos, así que desconozco qué ofertas hicieron. Mi compañía de seguros dijo que "nada" no era aceptable.

Pagaron una oferta de $5,000. La "parte perjudicada" (uso el término con ligereza) aceptó la oferta. Esa cifra, inferior a los cinco millones originales, es un descuento considerable. Lo único que sé es que me costó mucho dinero en tiempo perdido y preocupaciones librar a mi empresa de esta demanda frívola. Desafortunadamente, así funciona nuestro sistema. Tenemos que gastar mucho tiempo y dinero simplemente porque no tenemos otra alternativa. Los jueces rara vez, y casi nunca, conceden honorarios legales al demandado por una demanda frívola. Reduciría demasiados casos y una parte excesiva de los ingresos totales necesarios para el funcionamiento de nuestro sistema legal.

Por lo tanto, no quería ofrecer un acuerdo en el caso de Lois, ya que estaba seguro de tener la razón y la verdad de mi parte. Tampoco quería disminuir el valor de algo que legítimamente pertenecía a mi familia y, al hacerlo, decepcionar a mi tío Humpy, quien me había confiado la tarea de cumplir sus deseos. Correo electrónico a Troy, 4 de enero de 2009.

Troy:

1. He estado pensando en tu solicitud de que le hagamos un acuerdo a Lois. No me gusta esta idea y tengo un par de preguntas.

A)   Sé que Lois no puede testificar verazmente, bajo juramento, sobre su reclamación de propiedad del bono. Tras el supuesto cambio de fecha de fallecimiento en julio de 2004, Lois estuvo presente cuando Humpy se reunió con Donna Young en varias ocasiones para revisar las cuentas bancarias y prácticamente todos sus activos financieros. Humpy nunca indicó que el bono fuera a parar a otra persona; de hecho, se esforzó por enfatizar que todo debía estar en orden con respecto a mi condición de titular del bono. Donna Young testificará sobre este punto. Además, Lois estuvo presente a principios del verano de 2006, cuando Humpy habló con mi esposa Loretta y conmigo y nos explicó cómo quería que se distribuyeran estas cosas. En ese momento, Lois confirmó lo que Humpy me acababa de decir: «También puedes agradecerme por haberle entregado el bono a tu familia». Lois también me dijo lo mismo con respecto al bono tras el fallecimiento de Humpy. Además, Lois llamó a mi hermana Karen y le repitió que el bono sería para toda mi familia. ¿Cómo puede negar todas estas conversaciones? Solo puede mentir directamente o no testificar alegando que está demasiado enferma. Me preocupa que su abogado le impida testificar y que nunca tengamos respuesta a estas preguntas.

B)   ¿Es posible comprobar la validez de su supuesta enfermedad? ¿Deberíamos contratar a un investigador privado para que lo investigue? Ha visitado a sus antiguos vecinos quejándose de que su hija gastaba demasiado dinero. Además, tenía los dúplex en Barling, que, como esposa de Humpy, supongo que ahora tiene solo a su nombre. ¿Cómo se las arreglan? Sé que su hijo Lee, quien era el constructor de Humpy cuando construyeron los dúplex, ha tenido una pelea con Lois y Linda desde entonces. ¿A qué se debe esto?

C)   ¿Puede Lois superar este caso sin presentarse a testificar? Creo que nuestro caso se ve seriamente comprometido si no podemos obligarla a testificar. ¿Es esta su estrategia?

2.   Si, de hecho, hiciéramos una oferta de acuerdo, ¿sería porque considera que no tenemos un caso muy sólido? ¿O es porque hay demasiado riesgo para ir a juicio? Lamento decirlo, pero si tuviéramos que hacerlo, no ofrecería un acuerdo por nada más que darle a Lois el 25% del capital de la fianza, lo que representaría un pago único de $50,000. Personalmente, creo que es demasiado generoso. Con esa oferta de acuerdo, quiero que le diga a su abogado que la hacemos únicamente por nuestro deseo de llegar a un acuerdo sin dañar más las relaciones, y que ella conoce, al igual que toda mi familia y Donna Young, cuáles eran los deseos de Humpy. He hablado de esta oferta con algunos miembros de mi familia y la hablaré con los demás si procedemos. Mi madre también debería estar de acuerdo, pero no quiero preocuparla con todo este asunto y quizás nunca tenga que contarle los detalles. Está en una residencia de ancianos y ya no ve las cosas con la misma claridad que antes. Lástima que esto se esté alargando, ya que ella habría estado contenta de recibir la noticia hace dos años.

El 6 de enero de 2009, Troy respondió por correo electrónico.

Terry:

1. A Lois no se le permitirá beneficiarse por no comparecer ante el tribunal. Si no se presenta, su caso se verá gravemente perjudicado. La única forma en que veo que su enfermedad afecte a su caso es que solicite un aplazamiento. Eso será un inconveniente, pero no arruinará nuestro caso. Hoy le escribí una carta a su abogado, diciéndole la distancia que va a recorrer y que necesito saber de inmediato si va a alegar que su salud no le permite comparecer ante el tribunal. De lo contrario, le pediremos que pague los gastos incurridos.

2. En cuanto a la solidez de nuestro caso, creo firmemente que debería estar dispuesto a aceptar un acuerdo por menos de lo que ofreció en su correo electrónico. (75%) Independientemente de si Lois comparece ante el tribunal o no, tenemos la carga de presentar pruebas de varios hechos. Eso es prueba, no solo una sospecha. A veces pienso que a quienes no son abogados les cuesta entender lo difícil que es cumplir con la carga de la prueba. Incluso si todos creemos que algo es cierto, tener pruebas claras de ello es otra cosa. Por ejemplo, si tenemos testigos que declaren que Lois controlaba a Humpy y que Humpy siempre quiso que usted tuviera el dinero, eso no es prueba clara de que ella lo coaccionó para cambiar el formulario. Es lógico para usted y para mí, pero no cumple con la definición legal de prueba. El testimonio de su hermana ayudará en este sentido, así que quiero tomar su declaración telefónica. La tendré lista en un par de días.

3. Otra opción que tenemos es presentar pruebas de que Humpy no estaba en sus cabales al momento de firmar el formulario de cambio. Pero el problema es que Humpy firmó el documento de Lois solo seis meses después del suyo. Por lo tanto, tendríamos que demostrar que su salud

mental se deterioró durante esos seis meses, ni antes ni después.

4. Nuestro único otro caso se basa en la idea de que se trató de un simple error con el número de cuenta. Pero, insisto, no podemos simplemente decir que parece que hubo un error con los números porque todo el mundo dice que se suponía que usted debía recibir la fianza. No tenemos ninguna prueba escrita de ello ni nadie que pueda decir exactamente quién cometió el error.

5. Voy a guardar la carta sobre el acuerdo para otro día. Si no está dispuesto a ofrecer dos tercios, le enviaré la carta con una oferta de un cuarto, como menciona. Pero como su abogado, le recomiendo que ofrezca al menos dos tercios para resolver este asunto. Creo que existe el riesgo de que no consigamos nada si no llegamos a un acuerdo.

Supongo que soy un estúpido. Mi abogado me dice que debo resolver este caso proponiendo una oferta de al menos dos tercios, y luego afirma que cree que "existe el riesgo de que no obtenga nada". No hay mucho que confiar. Las opciones no son buenas. La única opción que creo viable es simplemente que se cometió un error, pero según mi abogado, "no podemos simplemente decir que parece que hubo un error con los números de la cuenta", sino que debemos tener pruebas reales de ello o alguien que pueda decir exactamente quién cometió el error. ¿Qué es una prueba real de un error? Si hubiera pruebas reales, no habría ningún error. Hay que confiar, al menos hasta cierto punto, en el testimonio de los responsables sobre lo que probablemente ocurrió. Donna Young declaró que a menudo hacían que los clientes firmaran documentos que aún no se habían completado con los números de cuenta e incluso enviaban documentos a casa sin los números de cuenta. Terminaban de completarlos cuando los recibían, firmados por los clientes. ¿Por qué es tan difícil probar un error cuando hay personas de ambas partes diciendo lo mismo?

Solo necesitamos el testimonio de Lois. Necesitamos obtenerlo. Ella sabe cuál es la verdad. Su hija Linda también lo admitió cuando dijo: "No queremos quitarte tu dinero". Lois llamó a mi hermana y le dijo que cobrara tu fianza pronto para que la familia Rose no la recibiera. La familia Rose también testificará sobre el hecho de que Humpy quería que la fianza fuera para mi familia. No hay discusión en este momento. Todos están de acuerdo en que la fianza debe ser para mi familia. ¿Por qué esto no es suficiente? Porque la compañía de corretaje, tras retrasar cualquier decisión debido a discrepancias con sus números de cuenta, decide que necesita pasar el plazo de prescripción de tres años antes de revelar esto. Lo hacen incumpliendo la fecha de aniversario del cobro de la fianza y luego esperan cinco meses más para exponer su error, evitando así cualquier posible demanda en su contra. Ellos son quienes deberían defender sus acciones, pero se les deja libres de responsabilidad. Necesitaba ordenar mis ideas e intentar una última vez hacerle entender mis argumentos a mi abogado. Creo que Troy está tan concentrado en exponer a Lois por lo que es que se está perdiendo el punto principal de nuestro argumento. No creo que Lois supiera que había un problema con los formularios de designación TOD y que no cometió ningún acto de falsificación ni pudo coaccionar a Humpy logrando que cambiara mi nombre por el suyo en el formulario TOD. Al parecer, no se enteró del aparente error hasta que Summit Brokerage le notificó en su carta del 28 de agosto de 2007.

Entonces, ¿qué pasó realmente? Tuve que analizarlo a fondo e intentar encontrar una explicación lógica. Necesitaba pruebas, como diría Troy. Empecé explicando cómo sucedió todo esto.

Después de que Donna Young abrió su propio negocio, testificó que había trabajado en Morgan Stanley y había traído a algunos de sus propios clientes a su nueva empresa. Humpy era uno de estos clientes y, el 28 de enero de 2004, Humpy y Lois fueron a la oficina de Donna y abrieron dos nuevas cuentas. Una era la n.° 8136 y la otra, la n.° 8134.

Donna Young dejó claro que las dos cuentas se atendían por correo mensualmente desde 2004 hasta el fallecimiento de Humpy en 2007, de la siguiente manera:

A. Cuenta n.º 8136, dirigida a:
H. J. Druyvesteyn
Dirección: Terry Druyvesteyn, 607 6th Street
Barling, Arkansas 72923
B. Cuenta n.º 8134, dirigida a:
H. J. Druyvesteyn
Dirección: Lois Druyvesteyn, 607 6th Street
Barling, Arkansas 72923

Ahora bien, dado que ambas eran cuentas de Humpy, y que mensualmente él y Lois recibían cheques de intereses, ¿no sería obvio que él o Lois se habrían dado cuenta de que el TOD era erróneo? Si realmente hubieran querido cambiar el TOD, le habrían pedido a Donna que cambiara el TOD de Terry a Lois en la cuenta 8136. Pero se mantuvo así durante casi tres años después de la fecha en que Summit Brokerage ahora dice que se cambió el TOD. En particular, ¿no se habría dado cuenta Lois de este error tan obvio en el TOD de la cuenta n.º 8136? ¿No es esto una "prueba" de cómo se suponía que debía ser? Supongo que no entiendo qué necesita Troy como "prueba real".

Además, del testimonio de Donna Young, se argumentó que todas las cuentas que ingresara a su nueva empresa desde Morgan Stanley debían ingresarse exactamente con el mismo formato que existían en Morgan Stanley. Cualquier cambio realizado en TOD o cualquier otro aspecto, incluso la dirección postal, solo podía realizarse después de crear la nueva cuenta, transfiriendo la cuenta de Morgan Stanley exactamente como existía en Morgan Stanley. Donna también testificó que en Morgan Stanley una cuenta ya estaba designada como TOD Terry Druyvestein y la otra como

TOD Sue Rose. Donna testificó que Humpy quería que la nueva cuenta, 8136, siguiera siendo TOD Terry. También testificó que Humpy quería cambiar la otra cuenta, 8134, que se transfirió como TOD Sue Rose, a TOD Lois. De ser así, también es cierto que se tendría que realizar un cambio en TOD para eliminar a Sue Rose y convertir una cuenta en TOD Lois. En los documentos de transferencia de las dos cuentas (con fecha del 28 de enero de 2004), ambas se verifican como una solicitud original de beneficiario. La cuenta 8136 está marcada para Terry y la cuenta 8134 para Lois. No hubo ningún cambio en el beneficiario marcado en la cuenta n.º 8134 que hubiera permitido transferir la cuenta de Sue a Lois. Esto probablemente fue un descuido y se corrigió posteriormente, en la documentación del 21 de julio de 2004, y con toda probabilidad, se asignó erróneamente a la cuenta n.º 8136. Por lo tanto, el resultado es que ahora hay dos cuentas que, según Summit Brokerage, son TOD Lois, pero solo hay un formulario de designación TOD. Donna también afirmó firmemente que nunca habría creado dos cuentas si el TOD de la 8136 se hubiera cambiado a Lois. En su lugar, habría fusionado ambos bonos en la misma cuenta Cuenta. Afirmó que esta habría sido su práctica habitual; continuar con dos cuentas con el mismo día de la fecha "no tendría ningún sentido", sus palabras exactas. Creo que unos meses después de que Donna Young creara su nuevo negocio, Humpy y Lois comenzaron a recibir sus estados de cuenta mensuales como:

> H. J. Druyvesteyn Día de la Fecha Sue Rose
> Por lo tanto, se solicitó un cambio en el formulario de día de la fecha para que fuera como Humpy y Lois deseaban:
> H. J. Druyvesteyn Día de la Fecha Lois Druyvesteyn

Este escenario tenía sentido y deberíamos preguntarle a Donna si esto es lo que probablemente sucedió. Si podemos preguntarle a Lois, también deberíamos hacérselo a ella.

Compartí todas estas opiniones con Troy para que se centrara en la tarea de proporcionar "pruebas" de un error. Parecía que, si se necesitaban pruebas, debíamos buscar la verdad, y eso comenzaría por interrogar a las personas que probablemente sabían lo que realmente sucedió. Quizás algunos de ellos necesitaban que se les presionara un poco más para que dijeran la verdad. ¿No es eso lo que define el sistema judicial? En cualquier caso, le dije a Troy que no quería seguir adelante con el caso por "influencia indebida" o coerción.

En un correo electrónico del 20 de enero de 2009 a Troy:

Troy:

"Por ahora, planeamos salir de aquí el lunes 26 y viajar en vehículo a Ft. Smith. Llegaríamos el jueves 29 si pudiera reunirse con nosotros el día antes del juicio. Quizás algunas indicaciones nos ayudarían a encontrar el barrio correcto. No recuerdo mucho de la zona en la que se encuentra su oficina.

Quizás estoy un poco desconectado de la realidad o quizás simplemente estoy cegado por lo que sé, pero reviso nuestro caso y me parece que tenemos bastantes pruebas de nuestra parte.

En fin, espero que podamos hablar el jueves sobre nuestro caso. Avíseme de su agenda".

Ahora tendría tres días para viajar y reflexionar sobre nuestro caso. Espero no distraerme conduciendo. Sin duda, me han sacado de mi modo "dormido". Supongo que es lo normal.

CAPÍTULO SEIS

El Juicio

E L VIAJE DE 2900 KILÓMETROS desde Rollins, Montana, hasta Fort Smith, Arkansas, no es el viaje ideal para finales de enero. Todo empezó bien en Montana, pero después de los más de 960 kilómetros iniciales hasta Douglas, Wyoming, se convirtió en una pesadilla. Intentando adelantarnos, nos excedimos al viajar 1200 kilómetros hasta Douglas el primer día. Había una ventisca rugiendo por Douglas cuando llegamos. Paramos en un Super 8 y conseguimos una habitación. Tengo una tarjeta de AARP, así que nos dieron un diez por ciento de descuento. El viento soplaba fuerte y la habitación apenas se mantenía a la altura de la temperatura. Por la mañana, nos encontramos con montones de nieve y un tráfico descontrolado, con coches varados en las calles y máquinas quitanieves intentando despejar la nieve. Pedimos un Egg McMuffin en Golden Arches con café solo y nos fuimos. La autopista interestatal estaba bastante despejada y, tras unos doscientos kilómetros, nos adelantamos a lo peor de la nieve. El problema fue que también se empapó más y la nieve se pegó a las carreteras. Paramos a pasar la noche en el sureste de Nebraska, donde vivía mi hermana menor, Virginia. Ginny, como la llama nuestra familia, se llamaba así por la primera esposa de Humpy, Virginia. Disfrutamos de la tarde con ella, nos quedamos solo esa noche y salimos temprano el miércoles hacia Fort Smith. Por desgracia, las carreteras empeoraron en lugar de mejorar. No llegamos a Fort Smith. Tras un día agotador, llegamos a Tulsa, Oklahoma. Nos alegramos mucho de tener un vehículo 4x4. Solo nos quedaban 190 kilómetros más hasta Fort Smith, pero por la mañana, cuando salimos de Tulsa, apenas había vehículos en la carretera. Las carreteras no estaban cubiertas de nieve; diría que estaban cubiertas de hielo. Había subido tanto la temperatura que estaba muy resbaladiza. Seguimos adelante durante casi toda la mañana y llegamos a Fort Smith sobre las 11:00. Había llamado y había quedado en encontrarme con Troy justo después del almuerzo.

Troy estaba eufórico cuando llegamos. No precisamente por conocernos, sino porque había estado buscando una buena solución para continuar con nuestro caso y creía haberla encontrado. Había abandonado el escenario de la "influencia indebida" y estaba totalmente convencido de que se había cometido un error y de que, de hecho, existía una manera de abordarlo sin la pesada carga de la prueba que, según él, debíamos exigir para prevalecer. Tendríamos que abordar el caso bajo la LEY DEL ERROR Y EL FIDEICOMISO CONSTRUCTIVO. Según este concepto sobre el error, nadie puede enriquecerse indebidamente por un error. La investigación de Troy sobre el tema definió el error y el fideicomiso constructivo de la siguiente manera: La ley del error fue prácticamente creada por la equidad. Supongamos que un banco abona $1,000 en la cuenta de un cliente por error. La acción del banco no fue intencional, sino resultado de su propia negligencia o culpa. La reclamación del banco contra el cliente constituye enriquecimiento injusto. El tribunal debería imponer un fideicomiso constructivo sobre los $1,000 en beneficio del banco o del beneficiario previsto, incluso si se mezclan con otros fondos del cliente.

Entonces, ¿cuál es la carga de la prueba para crear un fideicomiso constructivo? Los tribunales de apelación de Arkansas han escrito repetidamente que un fideicomiso constructivo requiere evidencia clara y convincente. Sin embargo, esto no significa que se requieran pruebas escritas ni que todas las pruebas deban ser incontradictorias. En muchos de los casos que Troy encontró, no se proporcionó prueba escrita, sino simplemente que el tribunal se centró en el "enriquecimiento injusto", resultado de un aparente error.

Esto ciertamente encajaba con nuestro caso, pensé. El problema era que iríamos a la corte mañana por la mañana y había muy poco tiempo para ordenar nuestro caso. Troy estaba absorto en reunir los hechos, ya que ahora los veía desde la perspectiva de un caso para crear un "fideicomiso constructivo". Realmente no le ayudé mucho en cómo iba a transmitir sus argumentos al juez. Hablamos un poco sobre a quién llamar.

Y en qué orden y sobre qué me pedirían que testificara. Además, Loretta y Jon Rose testificarían. El gran testimonio sobre un error vendría de Donna Young. Lois no testificaría ni asistiría al juicio. Su hija Linda testificaría en su lugar. Me preguntaba cómo el testimonio de Linda podría ser confiable o veraz. Linda prácticamente no sabía nada del caso y, si le preguntaban, ¿sabría siquiera qué recordaba Lois del tema? ¿Cómo se podía permitir y considerar preciso el testimonio de Linda si simplemente no sabía nada de primera mano sobre el caso? No me gustaba el poco tiempo disponible para prepararme para el día siguiente, pero pronto llegaría.

El 30 de enero de 2009, el Tribunal de Circuito del Condado de Sebastian, Arkansas, abrió el juicio ante el Honorable James O. Cox. En el caso de Terry Druyvestein contra Summit Brokerage Services, Inc. y Lois Druyvesteyn. Me preguntaba por qué el caso seguía mencionando a Summit Brokerage como demandado, ya que les habíamos permitido retirarse como parte responsable, pero seguían siendo una parte que testificaría en el caso, así que ¿quién soy yo para ser tan exigente? El testimonio en el juicio se desarrolló prácticamente como se esperaba de los testigos clave. Les presentaré un resumen de ese testimonio, basado principalmente en mis notas y también en el registro de testimonios de la decisión del juez Cox en el caso.

Terry Druyvestein:

Declaré que el tío Humpy deseaba que yo fuera el responsable de la emisión de un bono de Ford Motor Company tras su fallecimiento. Humpy me llamó por teléfono en 2003 para contármelo y para comunicarme que su asesor financiero se pondría en contacto conmigo para obtener información personal sobre el proceso. Donna Young me contactó al respecto una o dos semanas después y el deseo se cumplió al designarme responsable de la emisión. No hablamos específicamente de esto durante un tiempo, aunque le pregunté a Humpy si quería que se lo contara a mis hermanos en la reunión familiar de 2004, pero me indicó que quizás no fuera el momento adecuado. Declaré que hablamos del bono en mayo de 2006, cuando visitamos a Humpy y Lois en Arkansas. Declaré que Lois y mi esposa Loretta estuvieron presentes cuando Humpy comentó lo que quería que se hiciera. Hablamos de las reliquias familiares, su escopeta y el bono. Me dijo que quería que yo tuviera el bono y le dije que planeaba compartirlo con mis hermanos. Me dijo: "Sé que harás lo correcto". Declaré que, cuando Humpy se disculpó, Lois reiteró que yo también podía agradecerle la fianza, y así lo hice. Declaré que, en nuestra visita de 2006, Humpy y Lois nos llevaron a Loretta y a mí por la zona de Fort Smith hasta donde él y Lois serían enterrados. También visitamos Camp Chaffee y muchos lugares de interés sobre su pasado. Declaré cómo Lois desobedeció estos deseos, cómo no se per-

mitió que ningún familiar asistiera al funeral. Declaré
cómo me asignaron a la cuenta de la fianza con Delta,
cómo intentamos, pero no cumplimos con las fechas
para cobrarla, y finalmente cómo recibí la carta de
Summit, enviada a Lois, para que me eliminaran como
fecha límite de la fianza. Declaré casi todo lo que ya
han leído y no lo detallaré. Hacia el final de mi testimonio, Troy me lanzó una sorpresa. Dijo: "Su Señoría,
el Sr. Druyvestein tiene una teoría sobre cómo cree
que ocurrió todo esto". "¡Objeción!", dice el Sr. Gean.
"Este hombre no es una autoridad en estos asuntos
y no ha sido designado como testigo expert". El juez
Cox dice: "Lo permito. Continúe, Sr. Druyvestein".

¡Guau! No estaba preparado para expresar mi teoría con palabras. Habíamos hablado de esto con antelación, pero no en un formato que pudiera usar para explicárselo al juez, y no había ensayado
cómo lo haría. Pensaba que los abogados "nunca hacen una pregunta
cuya respuesta no sepan ya". Bueno, quizá Troy sí la sabía, pero yo
estaba luchando por entenderlo todo. Empecé repasando la creación
de las dos cuentas y cómo primero tuvieron que presentarse exactamente como estaban en Morgan Stanley, cómo eso no se hizo correctamente en los registros, cómo probablemente los registros tuvieron
que corregirse. El juez dijo: "¡Sr. Druyvestein, tiene que hablar conmigo, no con su abogado!". Estaba en la silla de los testigos, nervioso, y estaba desarrollando mi historia mirando y hablando directamente a Troy, quien había hecho la pregunta. El juez, con razón,
me estaba reprendiendo por no mirarlo al responder la pregunta. No
estaba argumentando nada con esto. En fin, lo recompuse, me presenté ante el juez e hice todo lo posible por explicarle que no había
ningún cambio en el TOD de Sue Rose a Lois por la fianza que ya
había cobrado. Que el TOD de mi cuenta (8136) se había cambiado
incorrectamente y que lo que Donna Young intentaba hacer era cor-

regir el error en (8134) o en la cuenta de Lois. Solo había un TOD para Lois, así que solo debería recibir una fianza. No ambas. Me temo que debería haber organizado mi testimonio con más claridad, ya que era un testimonio complejo y tenía que ser expresado con claridad para que alguien más lo entendiera. Obviamente, el juez lo pasó por alto porque ignoró por completo este testimonio en su resumen. ¿Quizás también estés negando con la cabeza por lo que acabo de decir? Lo aclararé más tarde.

Loretta Druyvestein:

Loretta testificó que ella y Lois estuvieron presentes cuando Humpy me habló de sus deseos. Declaró que Humpy quería que Terry recibiera la silla de su abuelo, el reloj familiar y el bono de Ford Motor Company. También dijo que estaba al tanto de la designación TOD cuando ocurrió. Llamó a Linda para contarle el error y lo discutió con ella. Linda accedió a investigarlo y no estaban tratando de "aprovecharnos".

Donna Young:

El testimonio de Donna Young fue aún más contundente que en su declaración jurada, afirmando que se había cometido un error. Incluso ofreció una suposición fundamentada sobre la causa de la discrepancia en los registros, que coincidía con la teoría de que el error se debió a una mala gestión de los registros por parte de la propia Donna, la asesora financiera de Humpy. Cuando se le preguntó cómo se gestó el cambio del nombre de la cuenta de Terry a Lois, Donna respondió:

"No tengo otra explicación que la que me habría dado mi oficina administrativa (Summit Brokerage) para decir que lo necesitamos por cuestiones administrativas, como por ejemplo: ¿podrían pedirles (a Humpy y Lois) que presenten nuevos formularios sobre el beneficiario? En su siguiente visita, les habría pedido que firmaran los formularios y los enviaran. Si la cuenta seguía indicando el nombre de la cuenta de Sue Rose, habríamos tenido que cambiarla. Habría sido un cambio administrativo, así que necesitábamos corregir los registros". Troy continuó, preguntándole a Donna: ¿Es tu letra la del anexo 1, donde alguien escribió el número de cuenta 8136? Donna respondió: Parece mi letra.

> El Tribunal: El juez Cox interviene: Entonces, ¿de cuál hablas? Respuesta: Anexo 1, para el número de cuenta 8136.
>
> El Tribunal de nuevo: ¿Así que esa es tu letra? Donna: Bien podría ser.
>
> El Tribunal: De acuerdo.
>
> Troy: ¿Escribiste eso al completar el documento? ¿Lo hiciste con la intención de dar de baja a Terry Druyvestein de la cuenta? Donna: En absoluto.
>
> Troy: Si escribiste este número aquí (señalando el anexo) como número de cuenta, ¿lo hiciste por error?
>
> Donna: ¡Sí!

Donna testificó además, afirmando que informó al departamento legal de Summit que su cliente (Humpy) nunca tuvo la intención de dar de baja el nombre de Terry de la cuenta. Sin embargo, sus abogados dijeron que, dado que tenían un documento firmado por Humpy, se atuvieron a él porque es lo que están obligados a hacer. Afirmó que los abogados de Summit le dijeron que así sería "a menos que el juez decida lo contrario". (Mis notas: Donna estaba en el tribunal para hacer lo que debía y tratar de arreglar las cosas. Estaba testificando para cambiar el expediente al afirmar la "verdad". La pregunta ahora parecía ser si el juez escucharía la "verdad".

Bueno, pensé que, en general, este testimonio debería ser lo suficientemente convincente como para demostrar que se cometió un error. También hubo muchos más testimonios similares, que ya he mencionado. Pensé que las cosas estaban mejorando).

Jon Rose:

Jon testificó que Humpy quería que la fianza fuera para mi familia. Declaró que Humpy había cuidado de su familia y de Lois, y que quería que mi familia tuviera la fianza.

Linda Van Divner:

Linda testificó muy poco. Principalmente dijo que su madre tenía problemas físicos y no podía testificar.

(Mis notas: Ahora bien, esto simplemente no parece correcto. Estamos teniendo este juicio porque Lois ha reclamado dinero de una fianza que mi tío Humpy había designado para mi familia. Lois nunca fue obligada a testificar, ni mediante declaración ni por venir a este juicio. Supongo que el abogado de Lois recibió una carta de un médico que decía que ella no era competente para ser juzgada. Nunca he visto una copia de esta carta. Sé que Lois se puso en contacto con varios de los amigos del vecindario de Lois porque quería saber qué había estado sucediendo en su vecindario, así que al menos inicialmente Lois estaba bien para hablar. Este litigio ya lleva 15 meses en curso, entonces ¿por qué Lois no ha sido al menos depuesta? Linda ha dicho que su madre ha estado en una residencia de vida asistida. Una residencia de vida asistida requiere que uno sea al menos lo suficientemente competente para hacer muchas cosas por sí mismo. Entonces, ¿Lois no es lo suficientemente competente para hacer una declaración? Digo que eso no es cierto. Troy ha dicho que si Lois no testifica, Esto perjudicará su caso, no lo ayudará. No estoy de acuerdo con esta evaluación, ya que Lois es la única persona que conoce la verdad en este caso, pero supongo que, si ella subió al estrado y mintió, ¿podría lograrlo? Creo que hay demasiadas personas con conocimiento real de la situación, por lo que le costaría desestimar mi testimonio, el de Loretta, Karen, Jon y Donna.

Sr. Hill, Summit Brokerage (de la revisión del testimonio por parte del Juez Cox): La declaración de Michael Hill fue presentada como prueba. Sus registros reflejan que, con respecto a la cuenta en cuestión (8136), el beneficiario inicial al 20 de enero de 2004 era Terry Druyvestein. H. J. Druyvesteyn lo cambió el 21 de julio de 2004 a Lois Druyvesteyn. El Sr. Hill testificó que el Formulario de Cambio de Beneficiario realizado en julio parecía cumplir con sus procedimientos. El formulario anterior, de enero, no. El problema con el formulario de enero fue que la firma de la esposa no estaba certificada ante notario. Aunque su firma no estaba certificada, el documento fue firmado por el director de cumplimiento de la empresa.

(Mis notas: Desde el principio se determinó que no se requiere la firma del consentimiento notariado de la esposa en un documento emitido a nombre del esposo y propiedad exclusiva de este, así que ¿por qué el Sr. Hill sigue usando esto como excusa? Me pregunto si esa omisión fue parte de la razón por la que Summit tardó en superar el plazo de prescripción antes de informar a nadie sobre esto. Pero hubo muchos otros errores, tanto con Delta Company de Donna Young, algo que ella admitió, como con su oficina en casa, Summit Brokerage).

(Continuando con el resumen del testimonio del Juez Cox)

El Sr. Hill testificó que, cuando habló sobre la cuenta con Donna Young, ella le dijo que creía que Terry era el beneficiario desde el principio, pero él le explicó que no creía que Terry lo fuera, basándose en los formularios recibidos. Aunque ella sintió que había sido un error, le señaló que el titular de la cuenta puso una marca de verificación o una X en el formulario de cambio de registro, lo que dejaba muy clara la intención del difunto de cambiar a los beneficiarios. (Mis notas: Sí, Humpy puso una X en el cambio en el formulario de registro porque pensó que estaba cambiando la cuenta 8134, que todavía estaba a nombre de Jon y Sue como TOD. ¿El Sr. Hill solo habla y nunca escucha? Veo esto como un gran problema con una declaración tomada hace mucho tiempo, cuando mi abogado ni siquiera estaba concentrado en que hubiera un error y en el fideicomiso constructivo, y ahora no podemos interrogar al testigo ya que no estaba obligado a comparecer en el juicio.

Al concluir el juicio, el tribunal ordenó que cada parte tuviera diez días para presentar sus escritos posteriores al juicio. El demandante tendría hasta el 9 de febrero para presentar su escrito. El demandado tendría hasta el 19 de febrero para presentar su escrito de contestación. El demandante tendría hasta el 24 de febrero para presentar su escrito de réplica.

Estaba nervioso por el juicio, pero confiaba en que obtendríamos un fallo favorable. Me preocupaba que, por mi parte, no hubiera explicado los detalles de los acontecimientos que originaron y dieron lugar al error cometido. Temía que al menos parte del malentendido fuera culpa mía por no explicar las cosas con suficiente claridad. Preparé un cronograma que ayudaría en este asunto y se lo envié a Troy con la esperanza de que pudiera aclararlo en uno de sus escritos.

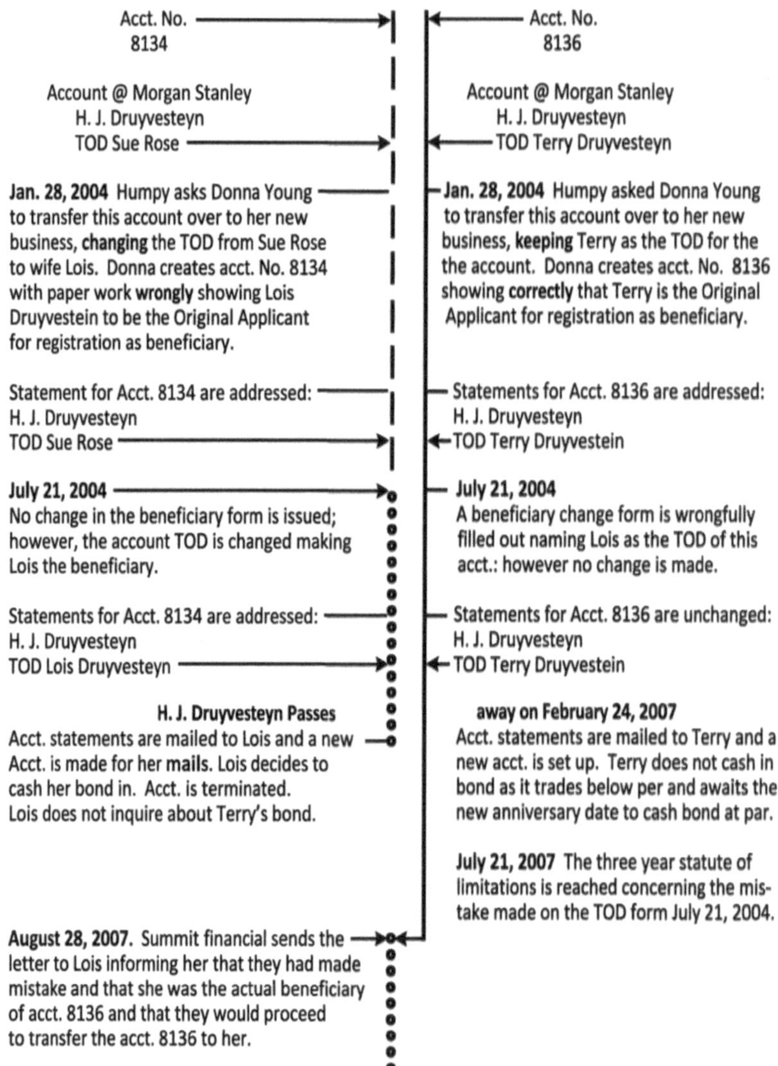

Acct. No.
8134

Account @ Morgan Stanley
H. J. Druyvesteyn
TOD Sue Rose

Jan. 28, 2004 Humpy asks Donna Young to transfer this account over to her new business, changing the TOD from Sue Rose to wife Lois. Donna creates acct. No. 8134 with paper work wrongly showing Lois Druyvestein to be the Original Applicant for registration as beneficiary.

Statement for Acct. 8134 are addressed:
H. J. Druyvesteyn
TOD Sue Rose

July 21, 2004
No change in the beneficiary form is issued; however, the account TOD is changed making Lois the beneficiary.

Statements for Acct. 8134 are addressed:
H. J. Druyvesteyn
TOD Lois Druyvesteyn

H. J. Druyvesteyn Passes
Acct. statements are mailed to Lois and a new Acct. is made for her mails. Lois decides to cash her bond in. Acct. is terminated. Lois does not inquire about Terry's bond.

August 28, 2007. Summit financial sends the letter to Lois informing her that they had made mistake and that she was the actual beneficiary of acct. 8136 and that they would proceed to transfer the acct. 8136 to her.

Acct. No.
8136

Account @ Morgan Stanley
H. J. Druyvesteyn
TOD Terry Druyvesteyn

Jan. 28, 2004 Humpy asked Donna Young to transfer this account over to her new business, keeping Terry as the TOD for the the account. Donna creates acct. No. 8136 showing correctly that Terry is the Original Applicant for registration as beneficiary.

Statements for Acct. 8136 are addressed:
H. J. Druyvesteyn
TOD Terry Druyvestein

July 21, 2004
A beneficiary change form is wrongfully filled out naming Lois as the TOD of this acct.: however no change is made.

Statements for Acct. 8136 are unchanged:
H. J. Druyvesteyn
TOD Terry Druyvestein

away on February 24, 2007
Acct. statements are mailed to Terry and a new acct. is set up. Terry does not cash in bond as it trades below per and awaits the new anniversary date to cash bond at par.

July 21, 2007 The three year statute of limitations is reached concerning the mistake made on the TOD form July 21, 2004.

Terry has lawsuit filed to stop injustice.

CRONOGRAMA DE LAS CUENTAS DE BONOS 8134 Y 8136

Mi teoría es que después de la Reunión de 2004, a principios de julio, Lois le pidió a Humpy que le legara uno de los bonos que él tenía, por el cual ahora recibían intereses (poco más de $2,000 al mes). Necesitaría un poco más de efectivo, además de las cuentas personales y las propiedades que ahora tenía, en caso de fallecimiento de Humpy. Acuden a Donna y le piden que cambie el TOD del bono, que estaba a nombre de Sue Rose. Humpy firma el formulario para un nuevo TOD y lo marca como cambio. Posteriormente, se incluye el número de cuenta incorrecto en el formulario. Solo hay un cambio en el formulario de beneficiario, que se incluye en el archivo de Sue Rose y Lois Druyvesteyn. Por lo tanto, las cuentas se reciben mensualmente y se gestionan de la siguiente manera:

NÚMERO DE CUENTA 8134	NÚMERO DE CUENTA 8136
Nombre: H. J. Druyvesteyn:	Nombre: H. J. Druyvesteyn
Beneficiario: TOD Terry Druyvestein	Beneficiario: TOD Terry Druyvestein

Los estados de cuenta llegan a Humpy mensualmente y están etiquetados como se muestra. Lois se asegura de revisarlos y está de acuerdo. Así es como todos pensaban que debían ser y se envían así durante casi tres años más. Nadie objetó. En abril de 2007, se descubrió que había un archivo erróneo de designación de beneficiario en la cuenta 8134. A Lois ya se le había pagado. Sue Rose sería la legítima propietaria, según el testimonio del Sr. Hill. ¿Qué hacer? Esperar a que expire el plazo de prescripción de tres años e ingresar el formulario TOD en la cuenta n.º 8136, cambiando así el beneficiario a Lois.

El 9 de febrero de 2009, Troy presentó su escrito posterior al juicio y me alegra que ahora estemos de acuerdo.

FILED
FT. SMITH DIST.
Dic hall
2009 FEB 9 PM 1 54
CIR CLERK SEB. CO.

IN THE CIRCUIT COURT OF SEBASTIAN COUNTY, ARKANSAS
FORT SMITH DISTRICT
PROBATE DIVISION

TERRY DRUYVESTEIN	**PLAINTIFF**
VS.	**CASE NO. CV-2007-1383**
SUMMIT BROKERAGE SERVICES, INC. and LOIS DRUYVESTEIN	**DEFENDANTS**

POST TRIAL BRIEF

I.   **Discussion of Facts**

No dedicaré mucho tiempo a los hechos de este caso, ya que el caso está fresco en la memoria del Tribunal y el Tribunal tomó buenas notas. H.J. Druyvestein tenía dos cuentas de bonos administradas por Donna Young: la cuenta n.º 2895-8134 y la cuenta n.º 2895-8136. Les informó a Donna Young, Terry Druyvestein, Loretta Druyvestein, John Rose y Lois Druyvestein que su intención era que Terry tuviera un bono y Lois el otro.

En enero de 2004, Donna Young dejó Morgan Stanley y se incorporó a Delta Financial, donde trabajó como corredora de bolsa para Summitt Financial. El 28 de enero de 2004, Humpy firmó documentos para designar a Lois como beneficiaria de la transferencia en caso de fallecimiento para la cuenta n.º 8134 y a Terry como beneficiaria para la cuenta n.º 8136.

El 21 de julio de 2004, Humpy se reunió de nuevo con Donna Young. Firmó un formulario de "Cambio de Beneficiario" en esa reunión, que incluía a Lois como beneficiaria de las cuentas 8136. Donna Young fue la única persona que testificó sobre esta reunión. Declaró estar "segura" de que Humpy no quería eliminar a Terry de ninguna cuenta en esa reunión. También declaró estar "segura" de haber cometido un error al anotar el número de cuenta 8136 en el formulario de cambio de beneficiario. Declaró que la razón más probable para completar un nuevo formulario es que Sue Rose había sido la beneficiaria de los activos de Morgan Stanley que se depositaron en las cuentas 8134. Dado que los activos deben transferirse de un corredor a otro en el mismo formulario, la cuenta 8134 requería un cambio de beneficiario de Sue Rose a Lois. El punto clave es que Donna Young insiste en que esto fue un error y que Humpy pretendía que Terry heredara las 8136 cuentas.

Este error se corrobora con el siguiente testimonio indiscutible:

a) Humpy le dijo a John Rose, antes y después de julio de 2004, que Terry recibiría una fianza.

b) En 2006, Lois les dijo a Terry y Loretta que podían "agradecerle" la fianza que recibirían.

c) Humpy confirmó sus deseos a Donna Young en numerosas reuniones posteriores a 2004.

d) Entre 2004 y 2007, Humpy recibió extractos mensuales por correo que indicaban "Fecha de vencimiento: Terry Druyvestein". Ni Humpy ni Lois cuestionaron esto jamás. Incluso después de que Humpy se lamentara, Lois no intentó cobrar la cuenta de Terry hasta que Summitt descubrió el documento erróneo.

e) Cuando Lois cobró su fianza, no solicitó hacerlo con Terry como fecha de vencimiento.

f) Terry y Humpy tenían una relación sólida. Terry, como pariente consanguíneo, era el legado natural del afecto de Humpy.

El escrito posterior al juicio de Troy incluye un resumen de la legislación aplicable. Si desea revisar el documento completo, escanee este código QR.

Recibí un correo electrónico de Troy el 1 de abril de 2009. (Fue el Día de los Inocentes, pero no era broma).

Terry:

"Anoche, al abrir mi correo en casa, recibí la decisión del juez. Falló en nuestra contra y creo que se basa en una mala interpretación de la ley. Dice que debemos demostrar que hubo un error de una de las partes y fraude de la otra. En resumen, no parece cuestionar que Donna Young cometiera un error, pero dice que, dado que aparentemente no hubo fraude (de hecho, podría haberlo, ya que Lois pensó que la cuenta también era suya), no puede crear un fideicomiso constructivo.

Ha leído mi informe sobre la ley. Creo que es muy completo sobre la ley del error. No estoy de acuerdo con él y creo que puede entender por qué al leer mi informe. Lea la opinión de este juez que le envío hoy y decida si desea apelar el caso. El lado negativo de las apelaciones es que solo alrededor del 20% tienen éxito. Pero creo que aquí se cometió un error.

Tenemos una fecha límite. El plazo para presentar la apelación vence el 26 de abril. La decisión tardaría entre ocho meses y un año a partir de esa fecha. Por favor, indíqueme cómo desea que proceda. Le enviaré la decisión por correo prioritario, así que debería recibirla pronto.

Bueno, en cierto modo, esta fue una buena respuesta de Troy. Estaba totalmente de acuerdo con el hecho (dije que era un hecho, pero la ley no llegaba tan lejos) de que se había cometido un "ERROR". Lo desalentador fue que esto tomaría otro año y, al menos estadísticamente, solo había un 20% de probabilidades de éxito. Me preguntaba si mi cuenta bancaria aguantaría. Recibí la decisión del juez Cox y les he dado el resumen en sus propias palabras.

SEBASTIAN COUNTY COURTHOUSE
901 S. B STREET, RM. 205
FORT SMITH, ARKANSAS 72901

TELEPHONE: 479-782-5920
FACSIMILE: 479-784-1537

James O. Cox
CIRCUIT JUDGE • DIVISION VI
TWELFTH JUDICIAL DISTRICT

KIM DODSON
TRIAL COURT ASSISTANT
MARK McELROY
COURT REPORTER

March 26, 2009

Troy Gaston, Esq.
1405 West Center, 3rd Floor
Greenwood, Ark. 72936

Roy Gean, Jr., Esq.
511 Garrison Avenue
Fort Smith, Ark. 72901

      RE: Terry Druyvestein v. Summit Brokerage Services, Inc.
            And Lois Druyvesteyn
            Fort Smith District, Sebastian County Circuit Court
            Civil Division
            Case No. CV 07-1383 (VI)

Dear counselors:

I appreciate the excellent presentation of the facts in this difficult case as well as your trial briefs. My analysis follows:
(I skip to the conclusions)

CONCLUSION:

It is impossible for the court to peer into the minds of the parties involved in this case. It would be of great help if we knew what H. J. Druyvesteyn was thinking in 2004 when he signed his name to the legal document. It would likewise be nice to know what Lois Druyvesteyn thought, but we did not have the benefit of her testimony.

Since we cannot look into their minds, we must look at their actions. The testimony that we have consisted of Plaintiff's in which he unequivocally stated that he thought all along that he was going to be the beneficiary of one of Mr. Druyvesteyn's accounts.

We have the testimony of Donna Young in which she appears to confess to making an egregious mistake that has affected the rights and interests of the parties in this case. Ms. Young's testimony is founded upon supposition, guesses and assumptions. She is the only person who offered any testimony with regard to the transaction and she is without any recollection of the events of the particular day Ms. Young's testimony was confusing at best and dissembling at worst.

Based on the testimony presented I cannot find by clear, cogent and convincing evidence a mutual mistake or a mistake on one party accompanied by the fraud on the part of anyone. If a unilateral mistake was made by Mr. Druyvesteyn it was not the product of any fraud but neglect. The fact is that the change was made and after the change was made Mr. Druyvesteyn discussed his account with Ms. Young, at least four times a year, according to her testimony. No further changes were made to the account. I find that the facts are much like the facts of the Trimble case cited above.

A file marked copy of my order is enclosed for your file.

Best personal regards.

Cordially,

James O. Cox

cc: Sebastian County Circuit Clerk

(If you wish to review the full decision please do so by scanning the QR code below)

IN THE CIRCUIT COURT OF SEBASTIAN COUNTY, ARKANSAS
FORT SMITH DISTRICT
CIVIL DIVISION VI

TERRY DRUYVESTEIN   PLAINTIFF

vs.   CASE NO. CV 2007-1383 (VI)

SUMMIT BROKERAGE   DEFENDANT
SERVICES, INC. and
LOIS DRUYVESTEIN

ORDER

Now on this 26th day of March, 2009 this cause comes on for decision, testimony having been taken previously. The Court, having had heard the testimony of the parties, having reviewed all of the exhibits offered into evidence and having the benefit of post-trial briefs by counsel finds as follows;

1.	That this court has jurisdiction of the subject matter and parties herein and venue in this County and District is proper.

2.	That Plaintiff's burden of proof of showing by clear, convincing and cogent evidence that a constructive trust should be imposed on certain funds has not been met.

3.	That the Court's memorandum opinion is incorporated herein by reference.

4.	That Plaintiff's Complaint is hereby dismissed with prejudice

5.	That each party will pay their own attorney fees and costs.

IT IS SO ORDERED.

____
JAMES O. COX
SEBASTIAN COUNTY CIRCUIT JUDGE

CAPÍTULO SIETE

La Apelación

DECIR QUE ESTABA DEVASTADO POR el fallo del juez Cox es quedarse corto. Pensé que si no se presentaban pruebas suficientes para demostrar que se había cometido un error, ¿qué se podía hacer para convencer al juez? En mi opinión, no se está haciendo justicia, pero de alguna manera, seguía pensando que nuestro caso era sólido y que ahora que Troy respaldaba plenamente la simple premisa de que "se había cometido un error", a la larga prevaleceríamos con la verdad.

El 2 de abril de 2009, respondí.

Troy:

Lamento que el juez haya fallado en nuestra contra. Temía que tuviéramos que apelar su decisión y ya he estado pensando en una respuesta si, de hecho, fuera necesario apelar. Sí, definitivamente queremos apelar la decisión. Aún no he recibido la decisión del juez por correo, pero conozco su escrito posterior al juicio y creo que nuestro caso es sólido. En cuanto a la posibilidad de fraude por parte de Summit, creo que sí lo hubo. No creo que Donna Young participara activamente en Summit; Sin embargo, creo que Summit, con la sumisa Donna Young, retrasó intencionalmente la tramitación de mi cuenta para aplazar cualquier acción judicial más allá del plazo de tres años por un error en los registros contables. ¿Por qué, de lo contrario, habrían tardado tanto en decidir la cuestión del TOD? Lo que al principio hicieron, sin saberlo, pero con gran eficacia, fue ocultarle a mi tío Humpy un error contable para que no pudiera corregirlo en vida. Summit y Delta luego ocultaron el error durante cuatro meses más, lo que les permitió eludir su responsabilidad. Esto me parece muy sospechoso y, si no fraudulento, al menos es inadmisible desde el punto de vista de la veracidad.

Mi caso de fraude es el siguiente:

1.   Notifiqué a Donna que deseaba cobrar el bono aproximadamente dos semanas después del fallecimiento de Humpy, ocurrido el 24 de febrero de 2004. Me pidió una copia del certificado de defunción, que ya le había pedido a Sue Rose que me enviara por correo, así que pude enviárselo a Donna inmediatamente. (Me pregunto por qué no le pidió una a Lois, quien debía necesitarla para cobrar su bono. ¿No la tendría ya en sus archivos?). Donna me envió los formularios para abrir una cuenta y los firmé el 25 de marzo y se los devolví. Me dijo que el bono cotizaba por debajo de su paridad y que, si esperaba al siguiente aniversario, podría cobrarlo a la paridad. Le pregunté cuándo era esa fecha y me dijo que en abril, así que le dije: "Esperemos y lo cobremos entonces". No recuerdo que Donna me devolviera la llamada, pero sí la llamé varias veces. Cuando volví a hablar con Donna, me dijo que no había podido completar todos los trámites y que se nos había pasado la fecha de aniversario, que luego descubrí que era el 21 de abril. Teníamos casi un mes para cumplir con la fecha límite, pero por alguna razón Donna no la cumplió. Donna dijo que la próxima fecha de aniver-

sario sería octubre, así que acepté esperar hasta entonces. Todavía no había recibido ningún documento suyo que confirmara mi titularidad ni el valor exacto de la cuenta, así que tuve que presionarla para que finalmente recibiera los documentos de la cuenta, que luego te entregué. No los recibí hasta después del 10 de julio, que es la fecha que aparece en ellos cuando se copiaron. La cuestión es que me estaban dando largas y creo que debería ser obvio que el problema con los dos días de entrega contradictorios ya era conocido. ¿Por qué me mintieron durante casi cuatro meses? ¿No es esta la definición de fraude? Webster define fraude como hacer algo mediante "engaño o artimaña". ¿Cómo lo define un abogado?

2. El plazo de prescripción de tres años expiró el 21 de julio de 2007, tres años después del cambio en el formulario TOD realizado por error el 21 de julio de 2004. Donna Young no me contactó en ningún momento durante todo este período para indicarme ningún cambio. No me contactó porque nunca se dio cuenta de que existía algún conflicto con la documentación presentada hasta que los abogados de Summit le informaron que había un problema cuando intentamos canjear el bono en abril de 2007. Me enteré de la decisión de cambiar el TOD de la cuenta al recibir una copia de la carta del 28 de agosto enviada por Summit a Lois. Esta carta se escribió convenientemente un mes después del vencimiento del plazo de prescripción.

Quizás sea difícil probar el fraude sobre esta base, pero el cronograma completo y las acciones de las personas involucradas dicen mucho sobre la sospecha de que sabían muy bien lo que hacían al retrasar el pago. Intentaban protegerse de un doble pago que podría resultar de una documentación muy descuidada. Cuando hablé por primera vez con Donna Young, me explicó que el motivo del cambio de fecha límite de entrega se debía a que la firma de Lois, quien me nombró fecha límite de entrega en enero de 2004, no se había notariado debidamente, como exige la ley, y que, por lo tanto, la fianza debía otorgarse a la esposa de Humpy. Esta afirmación era falsa, ya que no se requería la firma notariada de la esposa, pero el Sr. Hill siguió utilizando este mismo razonamiento falso en su declaración y, lamentablemente, nunca se le cuestionó al respecto en ese momento. ¿Su versión se modificó entonces para presentar una en la que parecía haber dos fechas límite de entrega en la misma cuenta? Hubo mucha confusión para llegar a la versión definitiva, y obviamente comenzó mucho antes de que tuviéramos acceso a información privilegiada mediante la recepción de documentos reales sobre la fecha límite de entrega.

3   Supongo que todo esto es irrelevante a menos que estemos dispuestos a enfrentar a Summit. ¿Es posible? Ellos son los verdaderos responsables de todo este lío. Lois simplemente es la oportunista que recibió una ganancia inesperada.

Volviendo a tu pregunta inicial sobre apelar la decisión. Sí, Troy, por supuesto, hazlo. Indícame el calendario de pagos y te enviaré algunos honorarios. Gracias por tu asesoría en este caso.

El 3 de abril de 2009, Troy respondió.

Terry:

He empezado a trabajar en la notificación de apelación esta mañana. Tenemos 30 días desde que se emitió la orden del juez. Necesitamos una transcripción del juicio. Calculo que su costo es de $2,000.

Una vez que la taquígrafa me entregue su factura, debe pagarse de inmediato.

No podemos ir contra Summit. La fecha del acto ilícito de Summit habría sido 2004 y existe un plazo de prescripción de tres años para cualquier fraude, negligencia u otra causa de acción que tengamos contra ellos. Pensé: "Bueno, gracias, Troy". Esto es lo que has estado diciendo: "que el plazo de prescripción es de tres años". Entonces, lo que he estado diciendo es: "¿Qué pasa cuando pospones deliberadamente la revelación de información para evitar el plazo de tres años?". ¿No es fraudulento dejar pasar el plazo a propósito? ¡Este fraude no tiene tres años, es ahora! Sigo pensando que lo que hacía Summit era ilegal. Llegué a la conclusión de que Troy simplemente no estaba dispuesto a meterse con Summit.

El 24 de abril de 2009, el abogado de Lois, Roy Gean Jr., le escribió al Sr. Michael Hill de Summit. No recibí una copia hasta mucho después, casi un mes después de su redacción.

Estimado Sr. Hill:

Le escribo para obtener el dinero de la cuenta 8136, mencionada anteriormente, a nombre de Lois Druyvesteyn. Adjunto copia de su carta del 28 de agosto de 2007, dirigida a Lois Druyvesteyn, en relación con esta cuenta.

El 24 de octubre de 2007, Terry Druyvestein presentó una demanda de fideicomiso constructivo y/o sentencia declaratoria ante el Tribunal de Circuito del Distrito de Fort Smith del Condado de Sebastian, Arkansas. Este Terry Druyvestein era sobrino de H. J. Druyvesteyn, titular de la cuenta mencionada y que usted administraba.

El juez de este caso, James O. Cox, en su auto final del 26 de marzo de 2009, desestimó la demanda con perjuicio. Esta desestimación de la demanda interpuesta por Terry Druyvestein implica que Lois Druyvesteyn ahora tiene derecho a la totalidad de las sumas depositadas o guardadas en la cuenta número 8136.

Para suspender la sentencia o decisión de este Tribunal, este no suspendería la ejecución hasta que el demandante, cuya demanda fue desestimada, presentara una fianza de suspensión. Según la ley de Arkansas, una fianza de suspensión debe presentarse con la aprobación del Tribunal y contar con la solidez financiera suficiente para cubrir el doble del monto involucrado en el caso; debería estar respaldada por una garantía o la firma de alguna compañía afianzadora. En este caso, no se ha presentado ninguna fianza de suspensión. Le pregunté a Troy Gaston, el abogado del demandante, si estaban considerando presentar una fianza de suspensión. Me respondió que no estaba en condiciones de presentarla. Si Terry Druyvestein solicitara una Moción de Suspensión, esta debería presentarse y todos los abogados recibirían una copia de dicha Moción. Los demás abogados tendrían entonces diez días para objetar; además, el Tribunal no dictaría una Suspensión hasta después de una audiencia.

Por lo tanto, de acuerdo con la ley y las Reglas de Procedimiento Civil de Arkansas, la decisión del Tribunal puede ejecutarse. Es decir, la cuenta número 8136 puede transferirse a la persona que, según los registros de Summit Brokerage Services, sería la persona a quien se le entregaría dicho dinero, de acuerdo con la orden de transferencia por fallecimiento.

El objetivo principal de esta carta, tras explicar la situación actual en relación con este litigio, concluye con mi solicitud, como abogado de Lois Druyvesteyn, de que se me envíe la documentación o los documentos necesarios para que ella pueda ejecutar el cobro de este dinero. Me encargaré de que se obtenga y complete la documentación.

Atentamente,
Roy Gean, Jr.

Me impactó recibir una copia de la carta de Roy Gean. De hecho, casi un mes después de la fecha de la carta de Roy, recibí una copia de un correo electrónico entre Summit y mi abogado, que liberaba mi reclamación a la cuenta 8136, y me enteré de lo que estaba sucediendo. Cuando hablé con Troy al respecto, me dijo que las fianzas de suspensión eran caras y que no creía que valieran la pena. Bueno, ¡esa debería ser mi decisión! ¡No Troy por su cuenta! Uno de los principales problemas con los abogados es su tendencia a tomar decisiones por ti, que, por supuesto, no siempre son lo mejor para ti. Troy debería haber hecho una copia de la carta de Roy y enviármela inmediatamente, en cuanto la recibió. Yo habría investigado el costo de una fianza y habría decidido si valía la pena. Parece que Troy no tenía tanta confianza en una apelación como yo, o tenía demasiado tiempo y no quería perder el tiempo. El costo principal habría sido los honorarios del abogado de Lois si hubiéramos perdido la apelación, y ¿qué costo podría atribuírsele al abogado de la apelada? Su abogado no tiene mucho que hacer. (Quizás fue una declaración tonta, pero parecía que teníamos que hacer todo el papeleo de la apelación). Otro costo podría ser la pérdida de intereses, ya que podrían argumentar que el 2% que el fondo obtenía de Summit podría haberse superado con otra inversión. Pero todos estos gastos combinados no podrían ser tan grandes. Quizás el costo de la compañía de bonos sería lo más importante. Nunca lo sabremos porque nunca tuve la oportunidad de averiguarlo. Lo que sí sabía en ese momento era que el dinero ya no estaba en mis manos y, sin control, mi tranquilidad se vio gravemente reducida.

Me comuniqué con Troy y le dije que no quería que me dejaran al margen. También le comenté que necesitaba copias de la correspondencia que se había estado manteniendo mientras yo no estaba al tanto. Entendía que necesitaríamos una copia de la transcripción de nuestro juicio inicial para la apelación. Debía pagarse en cuanto se completara. No he visto ninguna factura.

Tampoco tenía una copia de la apelación, así que ¿qué está pasando?

Troy me respondió por correo electrónico el 21 de junio de 2009.

Disculpó haberme ignorado. Me conseguirá copias de la notificación de apelación. No me habían facturado la transcripción porque el taquígrafo judicial aún no la había completado. Es posible que tenga que solicitar una prórroga para la apelación si la transcripción no está lista pronto. Siempre se conceden prórrogas. Esa es la buena noticia; la mala es que se añadirá un mes a seis semanas antes de que recibamos una decisión.

Le escribí a Troy el 15 de diciembre de 2009. Troy:

Han pasado casi seis meses desde nuestra última conversación. Espero que se encuentre bien con sus problemas de salud. Recibí los documentos relativos al argumento del Sr. Egan en nuestra apelación del caso Lois Druyvesteyn. Su argumento se basa principalmente en la decisión del Sr. Hill de cambiar el beneficiario de la cuenta n.º 8136 a Lois después del fallecimiento de mi tío, quien ya no podía impugnar ni corregir un error evidente. Un punto importante de su argumento se basa en pruebas claras y convincentes. Para mí es muy "claro", pero, por supuesto, no soy yo quien necesita estar "convencido". Sé que es difícil demostrar claramente el error; sin embargo, tanto el Sr. Hill como el Sr. Gean optaron por ignorar muchos puntos muy importantes que ya hemos tratado en repetidas ocasiones.

(Luego reiteré algunos de los mejores argumentos que utilicé anteriormente).

Podría seguir hablando de esto, pero me temo que se está cansando tanto como yo de la repetición. Por favor, envíeme por correo electrónico su calendario previsto para nuestro caso. Troy me respondió por correo electrónico el 15 de diciembre de 2009. Terry:

Sí, estoy de acuerdo contigo. Mañana enviaré mi escrito de respuesta, que expondrá los mismos argumentos que tú. Como de costumbre, el Sr. Gean no se explayó en el tema de derecho. En esta etapa, solo puedo escribir en respuesta a lo que dijo. Así que mi próximo escrito será bastante breve. Una vez que el tribunal lo reciba, deberíamos escuchar su decisión en unos cuatro o seis meses.

Cuatro o seis meses. Qué desalentador. Y, como en el sistema legal, cuatro o seis siempre son ocho o diez. Al menos, esa parece ser siempre mi experiencia. Sin embargo, me sorprendió: pasaron seis meses cuando el tribunal de apelaciones dictó su fallo.

Cite as 2010 Ark. App. 500   *June 16, 2010*

ARKANSAS COURT OF APPEALS

DIVISION III
No. CA 09-921

<table>
<tr><td>TERRY DRUYVESTEIN

APPELLANT

V.

SUMMIT BROKERAGE SERVICES, INC. and LOIS DRUYVESTEIN
APPELLEES</td><td>**Opinion Delivered** June 16, 2010

APPEAL FROM THE SEBASTIAN COUNTY CIRCUIT COURT [NO. CIV-07-1383]

HONORABLE JAMES O. COX, JUDGE

REVERSED AND REMANDED</td></tr>
</table>

COURTNEY HUDSON HENRY, Judge

Appellant Terry Druyvestein appeals the order entered by the Circuit Court of Sebastian County dismissing his complaint that sought the creation of a constructive trust. For reversal, appellant contends that the circuit court's decision is clearly erroneous. We find merit in this argument and reverse and remand.

The record reflects that H.J. "Humpy" Druyvestein died on February 24, 2007, survived by his wife, appellee Lois Druyvestein. Appellant is the son of Humpy's deceased brother. During his life, Humpy held two bond accounts at Morgan Stanley that were managed by his broker, Donna Young. One account was payable at Humpy's death to appellant, while the other was payable upon his death to the daughter of his second wife, Sue Rose, and her son, John Rose. In early January 2004, Young left Morgan Stanley and moved to a firm called Delta Financial, where she operated as a broker for appellee Summit

Cite as 2010 Ark. App. 500

Brokerage Services, Inc. (Summit). Humpy transferred the two bond accounts from Morgan Stanley to Delta Financial on January 28, 2004. In so doing, Humpy executed a registration application for an account ending in the number 8136, designating appellant as the beneficiary of the account upon Humpy's death. Humpy completed a similar document for an account ending in the number 8134, naming Lois as the death beneficiary of that account.

In July 2004, Humpy executed a registration application that changed the transfer-on-death designation of the 8136 account to Lois. However, until months after Humpy's death, the 8136 account remained entitled "H.J. Druyvestein TOD Terry Druyvestein." According to Young, even though her signature appeared on the document changing the beneficiary of the 8136 account to Lois, she was oblivious to the alteration, and, when Humpy died, she advised both Lois and appellant to wait until October 2007 to liquidate the accounts in order to receive full par value. Lois did not accept that advice and cashed in the 8134 account in April 2007. Appellant intended to heed Young's advice, and Young established an account for him to receive the funds in October. However, Summit dishonored the request to transfer the funds in the 8136 account to appellant after discovering the July 2004 registration application that named Lois as the transfer-on-death beneficiary. On August 28, 2007, Michael Hill, an executive vice president and the chief compliance officer at Summit, wrote Lois a letter stating that the 8136 account should have been changed to reflect her name as the transfer-on-death beneficiary as of July 2004 and that steps were being taken to accomplish that correction.

-2-CA 09-921

On October 24, 2007, appellant filed suit against Summit and Lois seeking to establish a constructive trust in the 8136 account. As a result of the litigation, Summit froze the account. Later, the parties proposed and the circuit court entered an agreed order dismissing Summit from the lawsuit with prejudice. The case proceeded to trial against Lois, who was unable to attend due to poor health.

In his testimony, appellant stated that his father and Humpy worked together and were close brothers. He said that he now lived in Montana and that he arranged a family reunion in 2002 where he met Lois, Humpy's new wife. Appellant said that Humpy called him in 2003 and said that he had a bond that he wanted to leave him when he died. He testified that they briefly discussed the bond again in July 2004 at another family reunion and that Humpy said nothing to him about removing his name from the bond. Appellant said that he visited Humpy and Lois in 2006 and that Humpy spoke of the bond and also about leaving him a chair that had belonged to his grandfather. He testified that, when Humpy left the room, Lois told him that he could thank her for putting the bond in his name.

Appellant testified that he spoke to Lois after Humpy's funeral and that she asked him if he had cashed the bond. He said that Lois advised him to get the money before John Rose did. Appellant stated that he decided to wait until October 2007 to cash the bond in order to receive full value. He said that he learned that there was a problem in September 2007 when he received a letter stating that Lois's name was on the final TOD form. Appellant testified that he telephoned Lois and spoke to her daughter, Linda Van Divner, because Lois

CA 09-921

was in the hospital. He said that Linda told him that Summit must have made a mistake. Appellant called Linda a few weeks later, and she referred him to Lois's attorney.

Appellant testified that Humpy's intentions were clear and that he must have signed the July 2004 TOD form by mistake. He said that Humpy could not have realized that his name had been removed from the account because he had talked to Humpy many times since the change occurred.

Loretta Druyvestein, appellant's wife, testified that she was a witness to the conversation between Humpy and appellant about the bond at the reunion in July 2004. She said that Lois did not contradict Humpy's statements that he wanted appellant to have the bond. Loretta testified that she spoke with Linda after the mistake was discovered and that Linda acknowledged that the bond was supposed to go to appellant. She also recalled the visit in 2006 when Humpy spoke about the bond at the kitchen table.

Young testified that she had serviced Humpy's accounts since 1998 and that from 2004 to 2007 she met with Humpy and Lois at least four times a year. She said that Lois was present when the accounts were transferred in January 2004 when Humpy made his wishes known that he wanted to keep appellant as the death beneficiary on the one account and that he wanted Lois to be the death beneficiary on the other account, instead of Sue and John Rose. Young testified that Humpy never indicated that he wanted appellant removed as the death beneficiary and that it was always her understanding, Humpy's understanding, and Lois's understanding that appellant was to receive the 8136 account at Humpy's death. She said that

Cite as 2010 Ark. App. 500

Humpy received separate monthly statements on both accounts and that one would have been titled "H.J. Druyvestein TOD Terry Druyvestein," while the other would have read "H.J. Druyvestein TOD Lois Druyvestein." Young stated that the designations would have been obvious to anyone who would have viewed the envelope. She testified that, in the many meetings she had with Humpy and Lois after July 2004, Lois never questioned why appellant's name still appeared on the account. Young stated that, when Lois contacted her about Humpy's death, Lois did not inquire about the 8136 account and that Lois never asked why she was not receiving the monthly statements regarding the 8136 account following Humpy's death.

Young further testified that Humpy did not ask her to change the death beneficiary on the account in July 2004. She said that she had no doubt whatsoever that Humpy never wanted to remove appellant from the 8136 account. Young said that, if Humpy had asked her to change the beneficiary to Lois, she would have simply moved the assets from the 8136 account to Lois's 8134 account rather than have Humpy execute a change in beneficiary form. Young asserted that the execution of the form was a mistake. She said that, had the title of the account been changed as it should have been when the form was completed, then both she and Humpy would have been alerted about the mistake and that it could have been corrected. She had no recollection as to why the change in beneficiary form was executed. Her best explanation was that it was a housekeeping matter requested by the home office. She explained that, when the accounts were moved from Morgan Stanley to Delta Financial,

-5-

CA 09-921

117

the 8134 account should have been registered the same way as it was previously titled in the names of Sue and John Rose and then changed to designate Lois as the beneficiary. Young thought that the change in beneficiary form was perhaps executed to correct that oversight. She also surmised that she may have written the wrong account number on the form.

John Rose testified that Humpy conveyed most of his property, including Humpy's home, to him and his mother and that he managed other properties for Humpy. He said that Humpy told him that he intended for appellant to have the bond when he died. Rose stated that Humpy left Lois two duplexes in addition to the one bond account. Karen Spring, Humpy's niece and appellant's sister, testified that Lois called her in the summer of 2007 with complaints about John Rose. Spring said that Lois acknowledged that appellant was to receive the bond and that Lois assumed that he would share it with his siblings.

Michael Hill testified by deposition that he reviews all transfers in excess of $100,000 and that the discrepancy between the 8136 account title and the July 2004 change in beneficiary was discovered when appellant made the request to transfer the assets in the account. He said that, based on the July 2004 document, Summit recognized Lois as the beneficiary of the 8136 account. Hill testified that Lois did not claim the 8136 account because he did not think that she knew that she was the beneficiary of another account. He stated that, when he spoke with Young, she seemed surprised about the change in beneficiary and that she said that the beneficiary should have been appellant. The final witness, Linda

-6-

CA 09-921

Cite as 2010 Ark. App. 500

Van Divner, testified that Humpy never said anything to her about the bond. She denied ever speaking to Loretta.

The circuit court took the case under advisement and later issued a letter opinion outlining the testimony and evidence and setting forth its decision. In its ruling, the court stated that Young confessed to making an egregious mistake but found that her testimony was confusing because she could not specifically recall what occurred on the day that Humpy changed the death beneficiary from appellant to Lois. The circuit court also noted that, after the change was made, Humpy met with Young at least four times a year but that no further changes were made to the account. Citing as analogous the decision in *Trimble v. Trimble*, 181 Ark. 350, 25 S.W.2d 758 (1930), the circuit court determined that, based on the evidence, it could find no clear and convincing evidence of a mistake. Therefore, the court denied appellant's request to establish a constructive trust.

Appellant argues on appeal that the evidence supported a finding that the change in beneficiary form was executed by mistake and that the circuit court's refusal to impose a constructive trust is clearly erroneous. A constructive trust is an implied trust that arises by operation of law when equity demands. *Watenall v. Watenall*, 85 Ark. App. 363, 155 S.W.3d 30 (2004). It is imposed where a person holding title to property is subject to an equitable duty to convey it to another on the ground that he would be unjustly enriched if he were permitted to retain it. *Tripp v. Miller*, 82 Ark. App. 236, 105 S.W.3d 804 (2003). The duty to convey the property may arise because it was conveyed through fraud, duress, undue

-7-

CA 09-921

Cite as 2010 Ark. App. 500

influence or mistake, breach of fiduciary duty, or wrongful disposition of another's property. *Id.* To impose a constructive trust, there must be full, clear, and convincing evidence leaving no doubt as to the necessary facts. *Higgins v. Higgins*, 2010 Ark. App. 71, ___ S.W.3d ___.

Although we review traditional equity cases de novo, the test on review is not whether we are convinced that there is clear and convincing evidence to support the circuit court's findings but whether we can say that the circuit court's findings are clearly erroneous. *Statler v. Painter*, 84 Ark. App. 114, 133 S.W.3d 425 (2003). A finding is clearly erroneous when, although there is evidence to support it, the reviewing court on the entire evidence is left with a definite and firm conviction that a mistake was made. *McCracken v. McCracken*, 2009 Ark. App. 758, ___ S.W.3d ___.

We are left with a definite and firm conviction that the circuit court was mistaken in its decision. All witnesses who professed knowledge of Humpy's wishes testified that Humpy intended to leave the account to appellant. If that were the sum total of the evidence, we could have no quarrel with the circuit court's decision, as the court was entitled to make its own assessment of the witnesses' credibility. However, the testimony was strongly corroborated by objective facts that compel a conclusion that the change in beneficiary form was executed by mistake. It is undisputed that, after the document was executed in July 2004, the account title continued to reflect that appellant was the designated beneficiary of the account upon Humpy's death. It is also without dispute that Humpy received monthly statements showing appellant as the beneficiary of the account. Humpy, apparently a seasoned

-8-

CA 09-921

120

businessman, met quarterly with Young, and at no time did he register a complaint about appellant remaining as the death beneficiary in the two years and seven months preceding his death. We are also mindful that Lois attended the quarterly meetings with Young and that Lois did not lay claim to the account following Humpy's death. Although Young was at a loss to explain what happened, her testimony was unequivocal that she made a mistake and that Humpy did not ask her to remove appellant as the beneficiary of the account. Based on the record as a whole, we hold that the circuit court's ruling is clearly erroneous.

Also, we have studied the case the circuit court relied upon and conclude that it is not particularly germane to the issue presented in this appeal. In *Trimble, supra,* Trimble spoke often about changing the beneficiary of his life insurance policy. However, he never took the steps necessary to accomplish that goal, and the supreme court affirmed the chancellor's refusal to grant reformation. Here, the owner of the account did execute a form changing the beneficiary designation of an account, and the question is whether the owner intended to do so or whether it was accomplished by mistake. Thus, the issues in the two cases are quite different. Consequently, *Trimble* is not persuasive authority.

Reversed and remanded.

ROBBINS and GRUBER, JJ., agree.

CA 09-921

CAPÍTULO OCHO

¡Ganamos o no!

Le escribí a Troy el 17 de junio de 2010 a las 9:59 a. m.

Troy:

Sin duda, ayer me trajiste buenas noticias. Gracias por tu diligente trabajo en lo que resultó ser una larga prueba. No sé cómo procederán las cosas. ¿Cambiará el juez Cox su orden y creará el fideicomiso? ¿Participará en la recuperación de los fondos? Me sería útil si pudieras darme una idea general de qué esperar y cómo debemos proceder. ¿Debemos proceder ahora con la notificación a Lois y a su abogado, o lo hará el juez Cox? En fin, gracias de nuevo por tu buen trabajo.

¡Estaba eufórico! Por fin, esta larga batalla había terminado y la justicia había prevalecido. Se acabaron las horas de trabajo y las noches en vela pensando en cómo se podría enmendar este agravio. Cuando uno dedica tiempo y esfuerzo a un caso como este, donde el resultado es todo menos seguro, es como si se le quitara un gran peso de encima y uno se siente agradecido. Esta noche habrá una celebración.

Troy me respondió por correo electrónico el 17 de junio de 2010 a las 10:06 a. m.

Terry:

El juez Cox ya ha fijado una audiencia para ordenar a Lois o a su hija que ingrese los fondos en el registro del tribunal. He notificado la audiencia a Roy Gean en nombre de Lois.

Una vez que el tribunal reciba su dinero, prepararé la documentación para que se lo paguen. La audiencia está fijada para el 1 de julio y compareceré ante el tribunal en su nombre ese día. No es obligatorio que esté presente, pero, por supuesto, es bienvenido. No se tomará declaración a menos que interrogue a Linda sobre la ubicación de los bienes si ella no los presenta antes de esa fecha.

Gracias por sus amables palabras. Me alegró mucho recibir la noticia. ¡Felicidades! Le envié un correo electrónico a Troy el 21 de junio de 2010 a las 9:32 a. m.

Troy:

Gracias, Troy, por la actualización. Esperamos con ansias la audiencia del 1 de julio. Por supuesto, nos gustaría que nos representaras.

Troy me envió un correo electrónico el 21 de junio de 2010 a las 12:50 p. m.

Terry:

Malas noticias. Lois ha apelado la decisión del Tribunal de Apelaciones de Arkansas ante el Tribunal Supremo de Arkansas. Te diré que estoy 99 % seguro de que ganaremos en este caso. La mala noticia es que probablemente retrasará la audiencia del 1 de julio un mes o seis semanas más. Te representaré ante el Tribunal Supremo. No se requerirá una audiencia y, principalmente, implicará volver a presentar los mismos escritos, además de que yo señale que el Tribunal de Apelaciones falló a nuestro favor.

Otra ventaja de la jueza que redactó su decisión de apelación fue Courtney Henry. Acababa de ganar una elección estatal para la Corte Suprema.

Bueno, no perjudicaría nuestro caso tener al redactor de la corte de apelaciones ahora en la Corte Suprema. El único problema, como señaló Troy, es que esto simplemente continúa. Creo que la apelación ante la Corte Suprema es solo una táctica dilatoria. ¿Pero una demora con qué propósito? También podría ser una demora porque nos enfrentamos a un abogado sospechoso, como mínimo, y podría tener mucho tiempo para presentar apelaciones. Ya veremos.

En julio, Troy preparó nuestra respuesta a la Petición de Revisión que Lois y su abogado habían presentado ante la Corte Suprema de Arkansas.

ARGUMENTO:

El único argumento que el apelante presentaría en respuesta al escrito del apelado es señalar claras fallas en la lógica de dicho escrito. El apelado argumenta que, debido a que existía un Formulario de Cambio de Beneficiario en cuanto a la cuenta número 8136, que este formulario controla. Sin embargo, es evidente que este Formulario de Cambio de Beneficiario se completó por error. Donna Young declaró que originalmente abrió estas cuentas en Morgan Stanley y que Sue Rose era la beneficiaria de la cuenta 8134 y Terry Druyvesteyn de la cuenta 8136. Las solicitudes originales de apertura de estas cuentas con Summit Brokerage, una vez que Donna Young se trasladó de Morgan Stanley a Summit, están claramente marcadas como solicitudes originales y fechadas el 28 de enero de 2004. Lois Druyvesteyn figuraba incorrectamente como la beneficiaria original de la cuenta 8134, a pesar de que Sue Rose ya había estado en esta cuenta en Morgan Stanley. El único error, en este punto, es que Lois Druyvesteyn figuraba como la titular original cuando debería haberse llenado un Formulario de Cambio de Beneficiario al trasladar la cuenta de Morgan Stanley a Delta. Donna Young testificó entonces que es muy probable que posteriormente se cometiera un error al incluir el número de cuenta 8136 en un Formulario de Cambio de Beneficiario, cuando en realidad debía ser la cuenta 8134.

En otras palabras, se cometió un error porque la cuenta 8134 era la que debía modificarse, ya que debía transferirse de Morgan Stanley exactamente como estaba, con el TOD registrado a nombre de Sue Rose. Esto no se hizo el 28 de enero de 2004, por lo que se corrigió en julio de ese año. El único problema fue que Donna Young cometió un error en los números de cuenta. Donna Young testificó que H. J. Druyvesteyn nunca tuvo la intención de cambiar el beneficiario de la cuenta 8136.

No había absolutamente ninguna prueba que refutara el testimonio de Donna Young de que claramente se había cometido un error. La única prueba presentada para refutar su testimonio fue el documento firmado por H. J. Druyvesteyn. Sin embargo, este documento fue creado por Donna Young, y ella es la única persona que testificó que tenía conocimiento personal de su creación. Declaró que, cuando se creó, H. J. Druyvesteyn no tenía intención de eliminar a Terry Druyvestein de su testimonio, y así se lo manifestó.

-Troy Gaston

Bueno, Troy estaba en lo cierto. Me di cuenta de que comprendía claramente los hechos y comprendía cómo se cometió el error. Ojalá hubiéramos podido presentar esto con la misma claridad al juez Cox en el juicio inicial. Debo decir que todo esto se aclaró mucho a medida que avanzaba el juicio y el tribunal de apelaciones había resuelto el problema. Lo que intenté expresar al juez Cox quizás era demasiado teórico y no se le prestó mucha atención. Donde fallamos fue en no profundizar más en esto con el testimonio de nuestros testigos. En particular, el de Donna Young, quien, en palabras del propio juez Cox, calificó su testimonio de basado en "suposiciones, conjeturas y suposiciones". Creo que Troy se centró demasiado en la teoría de la "influencia indebida" durante demasiado tiempo y no tuvo tiempo antes del juicio para desarrollar plenamente lo que realmente sucedió. No lo culpo demasiado por esto, ya que toda la familia de Humpy y sus amigos cercanos sabían lo que Lois había hecho para controlar a Humpy hacia el final, y no fue agradable. Realmente no sé cuánto lo quería ella al principio, pero en el último año, en particular, lo hacía por dinero y permitió que su abogado ignorara la justicia y la reemplazara por la avaricia.

El 3 de febrero de 2011, la Corte Suprema emitió su fallo sobre la apelación de Lois.

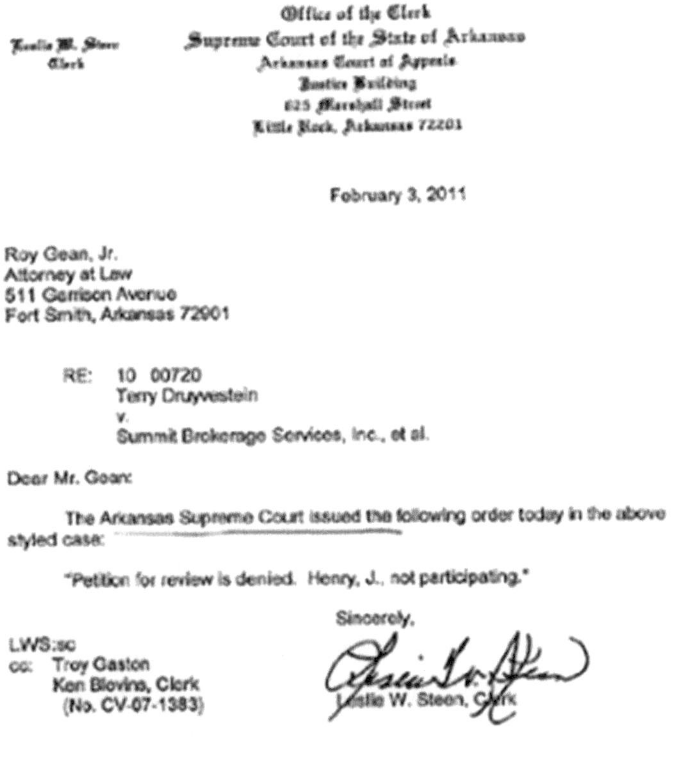

Leslie W. Steen
Clerk

Office of the Clerk
Supreme Court of the State of Arkansas
Arkansas Court of Appeals
Justice Building
625 Marshall Street
Little Rock, Arkansas 72201

February 3, 2011

Roy Gean, Jr.
Attorney at Law
511 Garrison Avenue
Fort Smith, Arkansas 72901

RE: 10 00720
      Terry Druyvestein
      v.
      Summit Brokerage Services, Inc., et al.

Dear Mr. Gean:

The Arkansas Supreme Court issued the following order today in the above styled case:

"Petition for review is denied. Henry, J., not participating."

Sincerely,

Leslie W. Steen, Clerk

LWS:sc
cc: Troy Gaston
     Ken Blevins, Clerk
     (No. CV-07-1383)

El 4 de febrero de 2011, a las 12:30 p. m., recibí noticias de Troy.

Terry:

Ganamos la apelación ante la Corte Suprema. Ya le escribí al juez solicitando una audiencia para que nos rinda cuentas de lo que hicieron con los bienes.

El 4 de febrero de 2011, a las 3:25 p. m., le respondí a Troy.

Troy:

¡Me alegra mucho escuchar la buena noticia! Sé que confiaba en que ganaríamos, pero yo empezaba a tener dudas. Me devuelve la fe en el sistema legal. Veo que su victoria tendrá consecuencias de gran alcance para casos futuros. Buen trabajo. Supongo que lo primero es averiguar qué hicieron Lois y Linda con el dinero. ¿Y el Sr. Gean? ¿Tendrá que devolver su porcentaje? Espero que sí.

Bueno, este fue un día emocionante, pero ya hemos tenido algunos antes. De hecho, todo este caso ha sido una montaña rusa de altibajos. Nunca pensé que sería tan difícil. Lo que desde el principio pensé que parecía un error involuntario, ha consumido miles de horas de trabajo de ambas partes, sin mencionar el impacto en todos los niveles del sistema judicial. Lo mejor ahora parecía ser la reivindicación: finalmente, el sistema legal había descubierto las falsas acusaciones de Lois, Linda y su abogado, y ahora se haría justicia. Me preguntaba si habría alguna posibilidad de recuperar los honorarios de los abogados. Al respaldar esto desde el principio pagando por hora, me estaba arriesgando mucho. También dudaba de que hubiera sido la mejor opción. Especialmente después de los últimos cuatro años y la incertidumbre de ganar un caso que, en mi opinión, inicialmente parecía un éxito rotundo. Me pregunto si existe algo parecido a un éxito rotundo en el sistema judicial.

El 7 de febrero de 2011, Troy escribió al juez Cox.

RE: Terry Druyvestein contra Lois Druyvesteyn y Summit Brokerage Services. Estimado juez Cox:

El asunto mencionado ha sido decidido por la Corte Suprema de Arkansas. Han denegado la petición de revisión del Sr. Gean. Solicito que se fije una audiencia de investigación de una hora y se ordene la presencia del cliente del Sr. Gean o de Linda Van Divner para rendir cuentas de la disposición de los bienes pagados con cargo al Registro del Tribunal. El tribunal recordará que Linda quedó bajo la jurisdicción del tribunal cuando solicitó y obtuvo permiso para comparecer en representación de su madre en este procedimiento.

El 12 de marzo de 2011, intercambié correos electrónicos con Troy, como sigue:

 Troy:
-Troy Gaston

Solo quería ponerme en contacto antes de su comparecencia ante el juez Cox el día 18. Como ya se mencionó, no podré acompañarlo. Sin embargo, tengo algunas inquietudes sobre lo que pueda ocurrir en la audiencia.

> 1. Nunca he confiado en Summit Brokerage, así que me interesará saber qué entregaron al tribunal. Le di una estimación aproximada de la cantidad que consideré, al menos anteriormente. Esta se basó en el libro de cuentas que Summit me entregó después del fallecimiento de Humpy, cuando Donna Young aún me observaba como titular de la cuenta. Si no estamos de acuerdo con lo que se entregó al tribunal, ¿podemos pedirle al juez que ordene

a Summit que entregue los registros para nuestra revisión? Supongo que no hay razón para especular sobre esto hasta que sepamos qué se entregó; sin embargo, solo quiero que esté preparado por si algo no parece correcto.

Respuesta de Troy: Creo que Summit entregó la cantidad correcta. El monto no se pagó al momento de la sentencia. Se pagó cuando demandamos a Summit por primera vez, pocas semanas después de iniciar el caso. En ese momento, tanto el abogado de Lois como yo teníamos interés mutuo en obtener el máximo dinero de Lois. Revisamos copias de los estados de cuenta hasta el inicio del litigio y coincidimos en que el monto depositado en el tribunal era correcto. Sin embargo, una vez que recibamos el dinero, podemos volver a revisarlo o solicitar los registros para que se sienta más tranquilo.

2. Creo que deberíamos pedirle al juez que nos conceda intereses. Estoy seguro de que Linda contará una historia triste sobre cuánto le cuesta mantener a su madre, pero le dieron muchos bienes además de esta fianza.

Troy: Estoy de acuerdo.

3. Supongo que si no se entrega el monto total al Tribunal en la audiencia, y si es necesario negociar ciertos aspectos, como los intereses o el plazo de pago, hablaremos antes de llegar a un acuerdo.

Troy: Me preocupa que Linda aparezca, diga que Lois está muy enferma y se declare ignorante. En ese momento, le diré al juez que a mis clientes no se les va a estafar con un cuarto de millón de dólares por haber extraviado esa cantidad de dinero, y le pediré que le ordene entregar todos sus registros bancarios personales y los de Lois en un plazo de 20 días o será declarada en desacato y encarcelada.

El 16 de marzo de 2011, el juez Cox adelantó la audiencia fijada para el día 18. Estimados consejeros:

Este asunto está programado para mi audiencia del viernes 18 de marzo de 2011. Sin embargo, tras revisar el caso y el mandato del Tribunal de Apelaciones de Arkansas, no considero que sera necesaria una audiencia y adjunto una orden que, en mi opinión, resuelve este asunto.

La cuestión principal en el juicio era si la cuenta en cuestión debía pagarse a Terry Druyvestein, demandante, o a Lois Druyvesteyn, esposa de Humpy. Mi dictamen en el juicio determinó que el dinero debía pagarse a Lois Druyvesteyn; sin embargo, el Tribunal de Apelaciones determinó que me equivoqué en mi decisión. Dado que solo hay una alternativa a mi decisión, es obvio que el dinero debe pagarse a Terry Druyvestein. Por lo tanto, adjunto una orden dictada esta fecha que ordena a Lois Druyvesteyn a pagar la suma de dinero que recibió, en virtud de la liquidación de la cuenta, a Terry Druyvestein con un interés del 5,75 % anual desde la fecha de recepción hasta su pago. El dinero deberá remitirse al Sr. Druyvestein en un plazo de diez días. Si no se abona en ese plazo, el Sr. Druyvestein tendrá derecho a una sentencia contra Lois Druyvesteyn por dichas sumas. Espero que la Sra. Druyvesteyn haya administrado adecuadamente los fondos y pueda simplemente remitírselos a Terry Druyvestein de inmediato. De no ser así y se requiere testimonio en este asunto, por favor, contácteme y lo reprogramaré para su audiencia. He retirado el asunto de la lista del viernes.

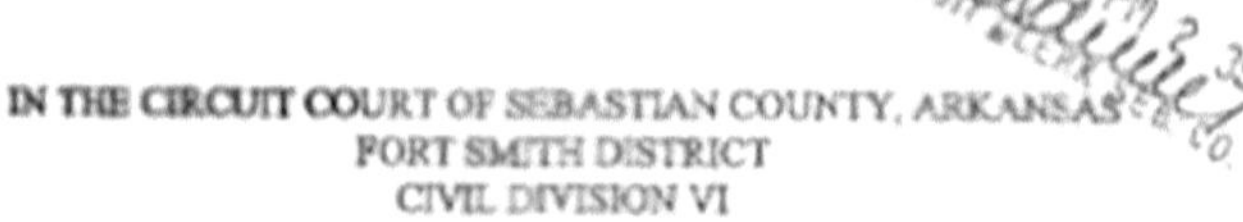

IN THE CIRCUIT COURT OF SEBASTIAN COUNTY, ARKANSAS
FORT SMITH DISTRICT
CIVIL DIVISION VI

TERRY DRUYVESTEIN   PLAINTIFF

vs.   **CASE NO.** CV 2007-1383 (VI)

SUMMIT BROKERAGE   DEFENDANT
SERVICES, INC. and
LOIS DRUYVESTEIN

O R D E R

Now on this 16th day of March, 2011 this cause comes on for consideration upon the

Mandate of the Arkansas Court of Appeals filed February 4, 2011 in these proceedings together

with the Court's Opinion. From a review of the opinion and mandate the Court finds as follows:

1.   That Terry Druyvestein is entitled to the funds which where subject of the trial

held in this case.

2.   That Summit Brokerage Services, Inc. paid said sums to Lois Druyvestein.

3.   That Lois Druyvestein should remit the sums at issue, which she received from

Summit Brokerage Services, Inc., together with interest at the rate of 5.7% per annum from the

date received to the date of payment to Terry Druyvestein.

4.   That the sums should be remitted from Ms. Druyvestein to Terry Druyvestein

forthwith.

5.   That if the sums of money due Terry Druyvestein by Lois Druyvestein are not paid within ten (10) days of the date of entry of this order, Terry Druyvestein shall be entitled to judgment against Lois Druyvestein for said sums, and if it is necessary to determine the amount of said judgment, this matter will be set for hearing specifically to deal with the amount of the judgment to which Terry Druyvestein shall be entitled.

IT IS SO ORDERED.

JAMES O. COX
SEBASTIAN COUNTY CIRCUIT JUDGE

Al día siguiente, 17 de marzo de 2011, Troy le escribió al Juez Cox: Estimado Juez Cox:

Agradezco que haya dictado Sentencia en nuestro caso. Le aseguro que no habría solicitado que el Tribunal fijara una audiencia para este caso si no hubiera hablado ya con Roy Gean Jr. y le hubiera confirmado que su cliente alegará que desconoce el paradero del dinero.

Le solicito que fije una audiencia para este caso en apoyo de la sentencia porque ya he tenido una conferencia telefónica con Roy y me ha dicho que no tiene ni idea de dónde está el dinero y que ni siquiera está seguro de si extendió el cheque a nombre de la hija o de la madre. Dijo que la madre se encuentra en algún hogar y no puede participar en el juicio. Por lo tanto, me gustaría tener la oportunidad de interrogar a la hija en una audiencia para este tribunal en apoyo de la sentencia, a fin de ayudar a determinar dónde se encuentran los fondos que controla. Sé que desde que comenzó este litigio, ciertos bienes inmuebles ya han sido transferidos de la madre a la hija. El nombre de la hija es Linda J. Van Divner. Ella solicitó específicamente que se le permitiera comparecer en representación de su madre en el juicio original. Usted le concedió esa exención. Por lo tanto, creo que este tribunal tiene jurisdicción sobre ella para exigirle que comparezca para ser interrogada.

De nuevo, mi cliente se enfrenta a perder cerca de un cuarto de millón de dólares si no se actúa con rapidez. Por favor, programe una audiencia de 30 minutos para apoyar la sentencia que prevé presentar. Si entregan el dinero, que Roy Gean ha indicado que ni siquiera sabe dónde está, con gusto cancelaré la audiencia.

Le escribí un correo electrónico a Troy el 19 de marzo de 2011. Troy, ¿qué pasó el 18? Troy respondió por correo electrónico el 21 de marzo de 2011.

Terry:
-Troy Gaston

Lamento no haberle respondido el viernes. Otro juicio me tomó tiempo. El juez dictó una orden que le daba a Lois diez días para entregarnos el dinero. Si no hace ningún esfuerzo, procederemos con el desacato o presentaremos una demanda contra su hija.

Roy Gean al juez Cox, 25 de marzo de 2011.

Comienza la demandada, Lois Druyvesteyn, y en su Moción de Reconsideración, alega y declara:

1. Que la tasa de interés pagada sobre el bono objeto del presente litigio no fue del 5,7% anual y que el porcentaje fue inferior al monto indicado en la Orden de este Tribunal.

2. Por consiguiente, la demandada, Lois Druyvestein, solicita al tribunal que modifique dicha Orden para indicar la tasa de interés real que dicho bono habría generado

durante el período y desde el pago de las sumas de dinero a la demandada.

El 4 de abril de 2011, el juez Cox emitió la siguiente orden.

IN THE CIRCUIT COURT OF SEBASTIAN COUNTY ARKANSAS
FORT SMITH DISTRICT
PROBATE DIVISION

TERRY DRUYVESTEIN	**PLAINTIFF**
VS.	**CASE NO. CV-2007-1383**
SUMMIT BROKERAGE SERVICES, INC. and LOIS DRUYVESTEIN	**DEFENDANTS**

ORDER

Comes on now for hearing an upon the courts own Motion in the above-referenced matter and the Court does grant a Judgment to the Plaintiff, Terry Druyvestein, against the Defendant, Lois Druyvestein in the amount of $200,000 plus 2% per annum back to the date of the original Judgment entered by this court.

1. Lois Druyvestein was served with Post Judgment Interrogatories by attorney Troy Gaston in this matter by service of the same upon her attorney Roy Gean. She is given 10 days from the date of this Order to answer such Post Judgment Interrogatories which have been served more than forty (40) days in the past. Failure to answer such Post Judgment Interrogatories may result in an Order of Contempt.

IT IS SO ORDERED.

Honorable James O. Cox
Circuit Judge

Date: 4-4-11

TG:dd

Apenas puedo recuperar el aliento. Siguen sucediendo cosas: amenazas de desacato, órdenes, cambios en las órdenes, promesas. Parece que están sucediendo muchas cosas, pero ¿es así? Creo que es hora de hablar menos y actuar mucho más. A menudo me han dicho que somos un país de derecho. En otras palabras, funcionamos gracias a nuestra convicción de obedecer la ley. Bueno, ¿qué pasa si uno no obedece la ley? Dicen que uno puede evitar la cárcel casi indefinidamente con la ayuda de un buen abogado. Creo que debe ser cierto. Basta con mirar a las personas condenadas a muerte que llevan allí 20 años. Pero la muerte es un asunto serio y no juzgo a la pena de muerte. Creo que se gasta más dinero en intentar aplicar la pena de muerte que en mantener al preso preso el resto de su vida. Así que, desde un punto de vista financiero, la pena de muerte es una mala política. Por otro lado, he leído sobre crímenes tan atroces que el animal que los cometió tampoco merece vivir. Supongo que dejaré estas difíciles preguntas en manos de Dios. Pero la cuestión es: ¿qué pasaría si, como sociedad, eligiéramos no obedecer la ley y las decisiones de nuestros tribunales? ¿Seremos todos encarcelados? No, solo tendríamos anarquía y el colapso de nuestro país.

Ahora, tomemos solo algunos casos en los que las personas eligen no obedecer las leyes y órdenes judiciales. Creo que sucede con frecuencia y hay una delgada línea entre cumplir y realmente obedecer las leyes de nuestro país. La amenaza de la cárcel es real, siempre y cuando no tengamos que encarcelar a demasiadas personas. Si las leyes son injustas, como fue el caso del impuesto al whisky en la década de 1790, la gente se rebela y es posible que se produzca una guerra civil. Por lo tanto, nuestro sistema judicial debe ser visto como justo o corremos el riesgo de colapsar como nación. Actualmente, existe un gran conflicto porque las personas de color creen que a menudo son objeto injusto de la policía. Esta percepción suele ser alimentada por los políticos y los medios de comunicación. Nuestro sistema legal debe permanecer intachable si queremos sobrevivir como nación. Sostengo que debemos estar alerta para garantizar que se haga justicia y no que gane quien tenga el mejor abogado. El lugar donde esto debe observarse es en nuestros tribunales y en el ejercicio de la abogacía. La primera defensa de nuestro sistema legal reside en la ética que practica la propia profesión jurídica.

CAPÍTULO NUEVE

La Colección

TENGO MALAS NOTICIAS QUE DAR. Sue Rose ha fallecido. Llevaba un tiempo luchando con problemas respiratorios y, supongo, su cuerpo ya no soportaba el estrés. En fin, la extrañaremos y desearía que hubiera podido ver el final de este caso, pero aún no se vislumbra el final. Puedo decir que me ayudó mucho a recuperar cosas que quizá no habría recuperado de Lois de no ser por su ayuda. Lamento que su familia haya perdido la relación con Humpy por culpa del egoísmo de Lois. Soy pariente consanguíneo, pero Bob, Sue y Jon Rose eran lo más cercano a la familia que Humpy tenía.

Le escribí a Troy el 14 de abril de 2011. Troy:

Entendí que el juez Cox le había dado a Lois 10 días para comparecer después de su orden del 4 de abril. ¿Pasó algo? Son diez días. Troy respondió el 15 de abril de 2011.

Terry:

Solo que Roy nos ha dicho a mí y al tribunal que no cumplió con las preguntas que le envié. Tuve que reenviárselas. Nos ha prometido a mí y al tribunal que tendremos las respuestas en 10 días y, además, que recibiremos una oferta de pago en efectivo ahora. Le pido al juez que fije una audiencia para la semana que viene para que, si Roy no cumple su promesa, podamos actuar con mayor rapidez.

Leí eso porque van a intentar llegar a un acuerdo. Estoy buscando un abogado en Kansas para ti. Si la oferta no es buena, creo que deberías proceder a registrar tu sentencia en Kansas para poder embargar su casa. Hablé con Donna Young, quien me dijo que Lois compró una casa nueva en Kansas poco después de nuestro caso original.

Bien, ¿entonces el juez le da al abogado diez días y luego le da otros diez porque "se equivocó"? Me lo imagino si hubiera desafiado las órdenes del juez. La verdad es que el abogado de Lois ha dado largas constantemente. Han pasado cuatro años y conseguimos una sentencia, ¿y mi abogado cree que nos van a hacer una oferta de acuerdo? Creía que había hecho ofertas de acuerdo antes del juicio, para evitar los gastos y la incertidumbre de un juicio. ¿Y ahora por fin conseguimos una sentencia y mi abogado habla de un acuerdo? ¡También habla de contratar a un abogado de Kansas para que pueda presentar mi sentencia contra Lois allí! ¿Acaso este tribunal ya no tiene jurisdicción? ¿Acaso el delito no se cometió en Arkansas y no puede el juez ordenarle que regrese para que restituya? Incluso he oído de casos en los que se ha llamado a persona de "fuera del estado" para que paguen multas de aparcamiento, ¿o son solo rumores? En fin, creo que esto no está bien. Los diez días adicionales que el juez le dio a Roy pasan y no pasa nada. EL 26 DE ABRIL DE 2011, EN EL TRIBUNAL DE CIRCUITO DEL CONDADO DE SEBASTIAN, ARKANSAS, CASO #CV-2007-1383

Terry Druyvestein, Demandante contra Lois Druyvesteyn, Demandada

ORDEN PARA PERMITIR A LA HIJA DE LOIS DRUYVESTEYN CONTESTAR LOS INTERROGATORIOS

El 26 de abril de 2011, se presenta ante este Tribunal la Moción de la Demandada, presentada por su hija, Linda Van Divner, para contestar los interrogatorios. El Tribunal, al encontrar justa causa para dicha Moción, dicta la siguiente Orden:

POR TANTO, SE ORDENA, SE JUZGA Y DECRETA que se le concede a la Demandada un plazo hasta el 13 de mayo de 2011 para contestar dichos interrogatorios y la solicitud de presentación de documentos, presentando una copia de dichas respuestas y contestaciones al abogado del demandante que figura en los registros, así como una copia al Tribunal. Y ASÍ LO ORDENA EL JUEZ DE CIRCUITO, JAMES O. COX.

Bien, entonces que Linda responda las preguntas. Me parece bien, sigamos adelante.

El 2 de mayo de 2011, le envié un correo electrónico a Troy.

Troy:

Este caso parece prolongarse sin satisfacción alguna. ¿Por qué ni siquiera hemos podido llevar a Lois o Linda ante el juez? Es difícil entender cómo pueden seguir dando largas a este asunto. Si no responden, ¿por qué el juez Cox no las declara en desacato y nos permite ir a por sus bienes? A estas alturas, sigo sin tener documentos que demuestren cuánto había en la cuenta de Humpy cuando se la entregaron a Lois, y mucho menos intereses devengados para discutir. También me pregunto por qué o cómo permitimos que el Sr. Gean se hiciera con ella. Además, ¿por qué el Sr. Gean parece quedarse con los honorarios de contingencia que recibió antes de "perder" el caso? ¿Acaso los abogados no solo se quedan con los honorarios de contingencia cuando ganan el caso? Mi tío le dio a Lois los dos dúplex en Barling al mismo tiempo que nos cedió el bono de Ford Motor Company a mí y a mi familia. Ahora Lois tiene ambos y le ha cedido los bienes a su hija. ¿Tenemos que demandar ahora a Linda? ¿En Kansas? ¿Acaso el juez Cox no se da cuenta de esto? (¿O es el juez Cox parte del problema? ¿Él y su abogado favorito, Roy Gean?) ¿Por qué el juez Cox no nos deja ir tras los dúplex y, si el valor está ahí, olvidarnos de la propiedad de Kansas? Me estoy impacientando mucho con este asunto.

El 3 de mayo de 2011, Troy respondió:

Terry:

Estoy de acuerdo en que este caso parece interminable. Obtener una revocación en apelación sobre dinero ya gastado pone a la gente en esta situación. Es una pena que el juez no me haya escuchado en la audiencia original y no estaríamos lidiando con esto. Ya he enviado dos cartas y presentado una moción de desacato, y también me he reunido con el juez para pedirle que se apresure a declararlos en desacato.

Ya ha pasado el tiempo para que nos den respuestas y he presentado una moción de desacato contra Lois. Te la enviaré en un correo electrónico aparte en un momento. También te lo envié por correo. Ya debería estar ahí.

También le he pedido al juez que ordene a Linda comparecer ante el tribunal, ya que así lo hizo en el juicio. Le ha dado hasta el 13 de mayo para responder a las mismas preguntas. Me he estado quejando de esto desde que debían presentarse a finales de marzo. Son los interrogatorios posteriores al fallo. Estoy tan frustrado como usted por la falta de urgencia con la que el tribunal ha tratado nuestro caso. El Sr. Gean le dice que nos ofrecerán un acuerdo en efectivo y que el dinero ya está disponible. Creo que el Sr. Gean solo intenta ganar tiempo.

La cantidad que se le dio a Lois es la que constaba en el registro del tribunal. La secretaria del tribunal tendrá constancia de esa cifra exacta. Puedo obtener ese documento de ella. Creía que eran solo 200.000 dólares o casi, porque la cuenta no generaba intereses debido a que Summit la entregó al tribunal hace casi cuatro años. Usted preguntó cómo "permitimos" que se hicieran con el dinero. No permitimos nada. Una vez que se pierde un caso en el juicio, la parte contraria tiene derecho por ley a tomar posesión del dinero a menos que se deposite una fianza en efectivo. Una sentencia en un tribunal de circuito es definitiva y, una vez que el dinero se encuentra en el registro del tribunal, se distribuye automáticamente a la parte vencedora. No accedimos a permitirles hacerlo. El error del juez al fallar en nuestra contra en el juicio significó que tuvimos que reunir $200,000 en efectivo para depositar una fianza o que Lois recibiría el dinero en espera de la apelación.

Roy niega haber recibido parte alguna de los fondos y que se le haya pagado por adelantado con el dinero que Lois recibió de su propia cuenta TOD. Es cierto que Roy normalmente trabaja con un anticipo de honorarios. Pero el descubrimiento de pruebas que le envié a Lois explica adónde fue a parar todo el dinero y nos dirá si se le pagó a Roy. Si se le pagó parte, solicitaré al tribunal que ordene su devolución. Haremos copias de los cheques.

Ya hemos presentado un gravamen contra los dúplex. No se pueden vender sin su firma. Así que, si no recibimos el dinero de Lois, podemos forzar la venta de los dúplex. Ese será mi siguiente paso en Arkansas. Aun así, recomendaría registrar la sentencia en Kansas, lo que crearía un gravamen contra la casa de Lois. Donna Young me ha dicho que Lois compró una casa nueva mientras el caso estaba en apelación. Si considera todos los bienes inmuebles juntos, debería haber suficientes activos para cobrar la sentencia a su favor.

La buena noticia es que Lois y Linda sí tienen activos. Mucha gente en su situación descubre que gastó su dinero en el casino o en artículos de lujo y no hay activos que reclamar. Creo que cobrará tarde o temprano.

-Troy Gaston

Roy Gean tenía hasta el 13 de mayo de 2011 para obtener respuestas a los interrogatorios que Troy había solicitado y que, de hecho, debían haberse presentado desde hacía más de un mes. Finalmente, el 13 de mayo, se recibieron, si es que así se les puede llamar.

RESPUESTAS DE LOIS DRUYVESTEYN A LOS PRIMEROS INTERROGATORIOS DEL DEMANDANTE Y SOLICITUD DE EXHIBICIÓN DE DOCUMENTOS

Presentamos a continuación la demandada, Lois Druyvesteyn, mediante su apoderada, Linda Van Divner, y sus respuestas a los primeros interrogatorios del demandante y a la solicitud de exhibición de documentos, como sigue:

> INTERROGATORIO N.° 1: Indique la cuenta donde se encuentran actualmente los fondos transferidos a Lois Druyvesteyn como resultado de este litigio, incluyendo el nombre de la institución, el tipo de cuenta y el número de cuenta.
>
> RESPUESTA: Que yo sepa, los fondos no se depositaron en ninguna cuenta. Se recibieron en forma de cheque, el cual fue endosado por la demandada Druyvesteyn y cobrado por su abogado. Los fondos se han utilizado para cubrir los honorarios legales, gastos médicos y gastos de manutención de la demandada Druyvesteyn.
>
> INTERROGATORIO N.° 2: Describa cualquier transferencia realizada de Lois Druyvesteyn a Linda J. Van Divner desde el inicio de este asunto.

RESPUESTA: Ninguna. El objeto de este litigio no es una transferencia. Todos los fondos recibidos se han utilizado para cubrir los gastos de la demandada Druyvesteyn.

INTERROGATORIO N.° 3: 3: Proporcione una lista de todas las deudas que Lois Druyvesteyn tiene actualmente o que han sido pagadas por o en su nombre desde que el tribunal de primera instancia dictó la sentencia original en este caso.

RESPUESTA: Honorarios legales por un monto aproximado de $108,000, gastos mensuales de manutención para cuidados de vida asistida que oscilan entre $3,800 y $4,200 al mes, primas de seguro médico complementario de $541 al mes y primas de seguro de vida de $47 al mes.

INTERROGATORIO N.° 4: Proporcione una lista de todas las cuentas corrientes a nombre de Lois Druyvesteyn.

RESPUESTA: Banco Marshall and Isley, Cuenta n.° 42051306. PROPORCIONE DOCUMENTOS: Se presentó un extracto bancario con cierre al 4 de noviembre de 2010 (hace un año) que muestra un saldo de $1,133.

INTERROGATORIO N.° 5: Indique el nombre de la institución, el número de cuenta bancaria y los nombres de los titulares de la cuenta donde se depositaron los fondos de la cuenta en cuestión tras la sentencia.

RESPUESTA: Originalmente, los fondos se recibieron en forma de cheque. La demandada Lois Druyvesteyn endosó el cheque y se lo entregó a su abogado. Su abogado cobró el cheque, cobró sus honorarios legales y devolvió el saldo a la Sra. Van Divner, quien utilizó el dinero restante para pagar los gastos de manutención y el seguro de la Sra. Druyvesteyn.

-Roy Gean, Jr. Se adjuntó una verificación firmada por Linda Van Divner, que da fe de la exactitud de dicho documento. Bueno, eso fue una de las tonterías más inútiles que había visto en mucho tiempo. Supongo que Troy quedó igualmente impresionado, así que inmediatamente envió una carta al juez Cox.

Honorable James O. Cox
13 de mayo de 2011
Juez de Circuito del Condado de Sebastian
Estimado Juez Cox:

Por favor, fije una hora para la audiencia de apoyo al fallo sobre este asunto mencionado. Solicito que fije la audiencia y que ordene la comparecencia de Linda Van Divner. En concreto, acabo de recibir las respuestas a mis interrogatorios posteriores al fallo que presenté en febrero, a pesar de que usted ordenó que se presentaran antes del 25 de abril. Estas respuestas son insuficientes. Por ejemplo, pregunté por los bancos o instituciones donde se depositó este dinero y me dijeron que se cobró y se gastó en "gastos de manutención". ¿Acaso esperan que crea que este dinero estaba en efectivo y que repartían billetes de 100 dólares para pagar sus gastos de manutención?

Además, no tengo forma de saber si estos gastos de manutención que describen en el párrafo 3 se gastaron con fondos de este acuerdo o de la otra fianza que la Sra. Druyvesteyn recibió aparte de esta. Nada de lo que me han proporcionado me ayuda en absoluto a rastrear estos fondos. El otro problema es que el Secretario del Circuito emitió un cheque a los clientes del Sr. Gean por el saldo de la sentencia. Usted emitió una sentencia a favor de mi cliente tras la apelación por $200,000. Pero creo que el depósito pudo haber sido mayor. Le he pedido al Secretario y al Sr. Gean que me proporcionen una copia del cheque para obtener el monto exacto que se emitió de la cuenta. Ambos afirman no tener copia del cheque ni registro del monto. Me gustaría que considerara ordenar al Secretario que busque los registros del cheque emitido en el mes en que se dictó la Orden de Pago.

19 de mayo de 2011
JAMES O. COX, Juez de Circuito, División VI
Asunto: Terry Druyvestein, contra Lois Druyvesteyn y otros
Estimados abogados:
-Troy Gaston

Esta carta confirma que el caso mencionado ha sido programado para una audiencia de una hora, que comenzará a las 9:30 a. m. del miércoles 8 de junio de 2011 en la sala 203 del Edificio de Tribunales del Condado de Sebastian, Ft. Smith.

-Kim Dodson, Asistente del Tribunal de Primera Instancia

Como ocurre con todas las fechas fijadas para la acción, van y vienen sin que se produzca ningún cambio. Por lo tanto, el 15 de julio de 2011, mi abogado Troy presentó una Moción de Desacato.
MOCIÓN DE DESACATO

El demandante, Terry Druyvestein, a través de su abogado Troy Gaston, presenta su Moción de Desacato, alegando lo siguiente:

1. Este Tribunal ordenó a Linda Van Divner responder a los interrogatorios previamente propuestos por el demandante dentro de los veinte días siguientes a la fecha de la sentencia. La sentencia se dictó el 13 de junio de 2011. Hoy es 14 de julio de 2011. Han transcurrido más de 20 días y Linda Van Divner debe ser declarada culpable de desacato. Se le debe ordenar el pago de todos los honorarios

y costos legales asociados con esta Moción y la audiencia anterior, la cual se celebró principalmente debido a que no proporcionó respuestas creíbles. 2. La demandante solicita una orden de este Tribunal que declare a Linda Van Divner en desacato por no proporcionar respuestas oportunas, de conformidad con la Orden de este Tribunal del 13 de junio de 2011. Y que la Orden de Desacato la condene a pagar $600 en honorarios de abogado relacionados con la audiencia anterior y esta Moción.

Por consiguiente, la demandante solicita una orden de este Tribunal que declare a Linda Van Divner en desacato y que pague los honorarios y costas de abogado, así como cualquier otra reparación a la que tenga derecho.

No se concedió la moción de desacato.

-Troy Gaston

Es difícil entender que el juez Cox no responda a ningún sentido de urgencia en este asunto. Personalmente, opino que nos guarda rencor por haber apelado este caso en primer lugar y por haberlo avergonzado debido a la severa paliza que recibió del Tribunal de Apelaciones. Si no hubiera sido por sus errores en su fallo inicial, no estaríamos en esta situación. Así que ahora, no concede nuestra moción de desacato y además fija una nueva fecha para la audiencia. Quizás esté de vacaciones, no lo sé.

30 de agosto de 2011
JAMES O. COX Juez de Circuito, División VI
RE: Terry Druyvestein, contra Lois Druyvesteyn, et al.
Estimados consejeros:

Esta carta les informa que el caso mencionado anteriormente ha sido programado para una audiencia de una hora que comenzará a las 10:00 a. m. El viernes 30 de septiembre de 2011, en la sala 203 del Edificio de Tribunales del Condado de Sebastian.

-Kim Dodson, Gerente de Tribunal

Veo que Kim Dodson ha pasado de Asistente de Tribunal de Primera Instancia a Gerente de Tribunal. ¡Bien por Kim! Las carreras van y vienen, y nuestro caso simplemente las sobrevive. Ojalá el juez se jubilara.

Quizás me estoy volviendo un poco frívolo con todo este caso. Tengo que tranquilizarme, porque me está molestando demasiado. Algo que he aprendido en mis casi 80 años de vida es "no tomar las cosas como algo personal" y no enojarme cuando las cosas no salen como uno quiere. Claro, es fácil decirlo, pero a veces es difícil ponerlo en práctica. Haré un mayor esfuerzo por controlar mis emociones. Cuando dejas que tus emociones te dominen, tu mente se descontrola. Entonces sufres las consecuencias, ¿no crees? ¡Vamos, necesito apoyo! Un día después de que el juez fija la fecha de la audiencia, Linda escribe una carta al juez Cox.

31 de agosto de 2011
Honorable Juez Cox
RE: Terry Druyvestein contra Summit Brokerage et al.
Estimado Honorable Cox:

Adjunto copia de las Respuestas Enmendadas a los Interrogatorios que se consideraron "increíbles". Como podrá observar, las respuestas no han cambiado, la redacción es más elaborada y he aportado pruebas documentales que las confirman. También adjunto el Anexo de Bienes completo. Lo he remitido a Roy Gean Jr. y le solicito que lo presente al tribunal una vez que lo haya firmado. He recibido las transcripciones de la audiencia del 8 de junio de 2011. Como podrá observar en las copias de los cheques adjuntos, el cheque original de $208,830.72 de Summit Brokerage se emitió a nombre de Lois Druyvesteyn, pero se envió a Roy Gean Jr., de Gean, Gean & Gean. Como indiqué en mis respuestas originales, el Sr. Roy Gean Jr. condujo hasta Kansas para que Lois Druyvesteyn endosara el cheque. El sello al dorso del cheque indica que se depositó en una cuenta en Ft. Smith, Arkansas. Posteriormente, Roy Gean Jr. me extendió a mí, Linda Van Divner, un cheque por $105,625.72. Aunque el cheque no fue endosado por Roy Gean Jr., se indica claramente en qué cuenta se depositó, que parece ser la misma cuenta a la que el bufete de abogados Gean, Gean & Gean me emitió el cheque. Nunca entendí bien por qué el cheque se hizo a mi nombre en lugar de a mi madre, sobre todo porque él hizo que mi madre firmara el cheque original. Sin embargo, no importó, porque sabía que era su dinero y por eso lo he usado para su cuidado. Le pedí a Roy Gean un comprobante de servicios que supuse explicaría por qué retuvo los $103,205, pero hasta la fecha no lo he recibido.

En la audiencia, parece que se refieren a mí como poco cooperativo. Contraté a un abogado en Kansas para que me ayudara a ayudar a mi madre a completar estas respuestas. Roy Gean le enviaba constantemente documentos sellados y sin firmar, que no eran suficientes para que el abogado se sintiera cómodo al aconsejar qué hacer. El asistente legal del abogado tuvo que obtener la información directamente de los tribunales.

No soy poco cooperativo y solo intento ser un buen representante de mi madre en la medida de lo posible. Por favor, envíenme copias de cualquier alegato futuro para que no me tomen por sorpresa con respecto a las audiencias y otros procedimientos judiciales posteriores.

Tengo esta carta de presentación y las primeras páginas de los anexos a los interrogatorios. Estoy enviando el paquete completo por correo postal a Roy Gean y a su despacho. Por favor, también avísenme si el tribunal necesita algo más para finalizar este asunto en nombre de mi madre.

Para terminar, me gustaría agradecerles su decisión. Todos sabemos que el Sr. Druyvesteyn cambió el beneficiario debido a la horrible forma en que su familia trató a mi madre en el picnic familiar. Me quedé desconcertada cuando supe que el Tribunal de Apelaciones había revocado su fallo sobre testimonio de oídas vs. documentación escrita.

-Linda Van Divner Para Lois Druyvesteyn

Bueno, no sé si ella quería sumar puntos con el juez respaldándolo contra el tribunal de apelaciones, pero probablemente no le hizo daño. En mi opinión, al juez le vendría bien un poco de apoyo, ya que sin duda había arruinado este caso. Sin embargo, lo que realmente me impactó fue su comentario de que Humpy había cambiado la fecha de entrega debido a la horrible forma en que la familia trató a Lois en la reunión. ¡Guau! Lois fue quien no quería que mis hermanas visitaran a Humpy e hizo todo lo posible para evitar que lo visitaran. También fue ella quien enterró a Humpy en su cementerio, en contra de sus instrucciones directas. Pero estoy divagando. Eso fue hace mucho tiempo en este libro y los hechos hablan por sí solos. Lois era una cazafortunas, simple y llanamente, y parece que entrenó a su hija para que fuera igual. El hecho de que Roy Gean Jr. extendiera el cheque por $105,625.72 a nombre de Linda Van Divner y no de Lois me dice mucho sobre quién está al mando.
El 7 de septiembre de 2011, Troy le escribió una carta a Roy Gean.

Estimado Roy:

Recibí las respuestas de Linda Van Divner a los interrogatorios. Por supuesto, se las entregué a mi cliente, Terry Druyvestein, ya que está muy molesto por la demora en recibirlas.

El Sr. Druyvestein considera que su firma debería pagarle la cantidad de $103,205, ya que este dinero nunca debió haber sido pagado por Summit Brokerage Services a Lois, sino que debería haber sido pagado directamente a él. Siempre he mantenido una buena relación con su firma y espero no tener que solicitarle ningún pago por sus servicios. Sin embargo, mi cliente ha dejado absolutamente claro que reclamará estos fondos, ya sea a través de mí o de otro abogado. Le entrego esta carta para que pueda presentarme cualquier autorización legal que, según usted, le permita conservar el dinero que debería haber sido pagado a Terry Druyvestein. Si no nos proporciona los fondos en los próximos diez días, no tendremos más remedio que solicitar al Tribunal que ordene el pago de los fondos a la familia Druyvestein. Además, agradezco su amable cooperación.

-Troy

Creo que es muy difícil para un abogado demandar an otro. Al fin y al cabo, pertenecen a la misma fraternidad, la misma organización profesional y, en muchos casos, al mismo club de campo o gimnasio al que asisten. Por lo tanto, hay que ser cauteloso con la redacción. Vi esto en la carta, donde Troy es cuidadoso al decir que estamos "solicitando" el pago de servicios a su firma. Me habría gustado decir: "Es hora de pagar, canalla". No, me cabe duda de que Roy fue uno de los principales contribuyentes an esta estafa. Sabía que Lois no tenía ni idea de que podía reclamar el dinero de la fianza y, como consecuencia, se llevó la horrenda comisión de 103.205 dólares. Condujo hasta Kansas, hizo que Lois le firmara el cheque de Summit Brokerage por $208,830 y luego le devolvió el cheque a Linda, no a Lois, por $105,625. Ahora, Esta transacción es muy sospechosa en general. Siempre quise que Lois testificara en el juicio o al menos que declarara para ver cómo podía eludir las conversaciones que Humpy tuvo conmigo y Loretta, todo esto estando ella presente, y con estas conversaciones abordando directamente la fecha límite para el pago del fondo de bonos que mi familia recibiría. No creo que Lois pudiera mentir al respecto. Linda, sin embargo, no tendría ningún problema con eso y por eso nunca tuve tratos con Lois. Linda había controlado toda la vida financiera y médica de Lois durante los últimos años de nuestro juicio. Caí en la cuenta de que este era realmente un caso de "influencia indebida", ya que Linda se había apoderado de todas las propiedades de Lois: sus dúplex, sus cuentas corrientes, sus cuentas de ahorro, todo. Parece que Lois era una buena maestra. Le enseñó muy bien a su hija. Comencé este capítulo con la noticia del fallecimiento de Sue Rose. Lo terminaré con la noticia del fallecimiento de su esposo, Bob Rose, un año después del de Sue. Ahora quedan su hijo Jon y su esposa Shanna, junto con sus dos nietos, Irene y Alex, como los únicos supervivientes de la familia principal en la vida de Humpy. Los menciono como los únicos supervivientes, ya que no cuento a Lois como familia. Me pregunto cuántos años tiene "Hub" sobreviviente. Él también fue un verdadero amigo para-Humpy.

La familia Rose
Arriba; Shanna, Alex, Bob-abajo; Irene, Humpy, Sue

CAPÍTULO DIEZ

Los abogados están divididos

Troy le había pedido al juez Cox que fijara una audiencia para obligar a Linda y Roy a responder preguntas sobre la distribución de los fondos de los bonos. Linda finalmente había respondido en cierta medida. Roy Gean Jr. no había respondido sobre su participación en la obtención de $103,205 del total.

Roy Gean Jr. ha decidido ahora que quiere salirse de la demanda. Su cliente Linda ya no coopera y, al parecer, no quiere ser representada por Roy, y parece que una separación es inminente. Realmente ha adoptado la postura de que debería salirse de la demanda. Roy le pide al juez Cox diez días para poder "estudiar la ley y redactar un informe sobre si el dinero que tiene debe ser devuelto a la tesorería del tribunal".

Bueno, estoy seguro de dos cosas. Primero, que diez días no significan realmente diez. Segundo, que parece que Roy no estará dispuesto a devolver el dinero al tribunal y prolongará esto tanto como sea posible. Los abogados tienen recursos casi ilimitados para alargar las cosas y encarecerlas al máximo para cualquiera que se atreva a "demandarlos". ¡Qué descaro!

Tengo inquietudes y le envié un correo electrónico a Troy el 3 de octubre de 2011. Troy:

1. Respecto a la situación con Linda. Recibió el dinero y ahora parece estar "fuera de onda" a la hora de devolverlo. Recibió los dúplex de Lois en Barling y los reclama Eran necesarios para cubrir los gastos de manutención de Lois. Esto se hizo al mismo tiempo que yo debería haber recibido el dinero de la fianza de la cuenta que Humpy quería que mi familia tuviera. ¿Por qué no podemos ejecutar la hipoteca? ¿No nos permitirá el juez Cox hacerlo? Además, ¿permitirá el juez Cox que se nos reembolsen los gastos legales y los intereses perdidos para continuar con esta acción? ¿Intereses desde que recibieron el dinero indebidamente y gastos legales desde que ganamos la apelación?

2. En cuanto a los honorarios de Roy Gean de $103,205, ¿por qué Linda no es la responsable de demandar a Roy para que los devuelva? Fue ella o su madre, no estoy segura de quién, quien en realidad le pagó el dinero a Roy. Desconocemos por qué y bajo qué acuerdo. El cheque del tribunal fue entregado a Lois, ella lo entregó a Roy Gean Jr. y él envía un cheque a Linda, ¡no a Lois! Entonces, ¿quién es responsable?

3. En este momento, no sé cuál es nuestra situación. Has estado muy ocupado, lo sé, pero ahora parece que estamos en una pausa. Su parte no responde, el juez no los obliga y estamos bloqueados. Ojalá estuviera más cerca para poder atender mejor esto.

Tengo que irme a Dakota del Sur el miércoles porque mi madre no se encuentra bien. Estaré fuera aproximadamente una semana. Puedes contactarme en casa de mi hermano. Espero tener noticias tuyas antes de que me vaya.

Troy me responde el correo electrónico el 4 de octubre de 2011. Terry:

Estoy demandando por intereses, honorarios legales y los apartamentos. Como siempre, los 10 días de Roy ya pasaron y no hemos tenido noticias suyas. Mañana presentaré la demanda. Le estoy notificando personalmente a Linda los documentos y no a través de Roy, ya que parece que se han separado. Estamos en un punto muerto porque Roy consiguió la prórroga de 10 días del juez Cox. Pero el plazo se acabó y los estamos demandando a ambos.

No tengo noticias para el 13 de noviembre, así que le escribo a Troy.

Troy:

El 5 iban a presentar nuestra demanda contra Linda y Roy Gean Jr. Me gustaría saber la fecha exacta en que el juez escuchará la demanda y qué plazo prevén para este caso. ¿Podrían darme una idea de qué esperar y qué debo hacer, si es que debo hacer algo? Además, ¿qué pasa con el caso que ganamos contra Lois y cómo encaja todo esto? ¿Tenemos que proceder ahora en dos frentes?

Troy responde el 14 de noviembre de 2011. Terry:

En este momento, nuestro único problema es notificar a Linda. Tengo un notificador que quiere notificarla. Dado que técnicamente se trata de una "nueva demanda" contra Linda, que solicita nuevas medidas cautelares, tenemos que notificarle los documentos. Aún tenemos una sentencia contra Lois y su patrimonio, pero preveo que eventualmente recibiremos el dinero de Roy y Linda. He hablado con el juez y está listo para tener una audiencia tan pronto como le notifique. He copiado a mi asistente pidiéndole que me dé un informe del estado de la notificación a Linda.

La asistente de Troy, Dena, continúa al día siguiente: He hablado con el notificador esta mañana y me dijeron que Linda fue notificada el 10 de noviembre (hace 5 días). También he estado llamando durante la última semana para verificar si se ha abierto un proceso sucesorio para-Lois. A día de hoy, no se ha abierto nada. Consulté con Troy y me dijo que probablemente se debe "a que Lois ya no tiene ninguna propiedad para sucesión".

Acabamos de enterarnos del fallecimiento de Lois hace varias semanas. Evidentemente, no es necesario que nadie, ni siquiera Linda, quien ha representado a Lois, les diga que la persona a la que demandan ha fallecido. Es solo por casualidad que uno se entera de estas cosas. Todavía desconozco la fecha exacta ni la causa de la muerte de Lois. En cierto modo, me entristeció su fallecimiento. Nunca se había mostrado hostil conmigo directamente y lamento profundamente que ni su hija ni su abogado le permitieran testificar en nuestra demanda original. También no puedo evitar pensar que sus últimos años no fueron de calidad y que quizás le dio a Humpy algunos buenos días, al menos durante el primer o segundo año. Supongo que es mejor ver el lado bueno de las personas.

El 14 de noviembre, Roy presentó sus respuestas a la demanda que habíamos presentado en su contra. El tercer demandado, Roy Gean Jr., comparece en su respuesta a la demanda para la creación de un fideicomiso constructivo, para la sentencia contra Linda Van Divner y para obtener una reparación conforme a la Ley de Transferencias Fraudulentas, alega y declara:

1. Que el tercer demandado, Roy Gean Jr., no es parte legítima en este litigio.
2. Que el demandante no tiene derecho a reclamar contra el tercer demandado, Roy Gean Jr.
3. Que el demandante no ha expuesto hechos que justifiquen la concesión de una reparación.
4. Que no existe una relación contractual que permita dicha reclamación.

5.   Que el dinero pagado por la demandada Lois Druyvesteyn a Roy Gean Jr. era dinero ganado que podía esperarse por sus servicios.

6.   Que el contrato de servicios entre Lois Druyvesteyn y Roy Gean era un contrato típico entre abogados y clientes, en el que los clientes pagan los honorarios de los abogados.

7.   No existe conexión ni fundamento para que el demandante presente una demanda contra Roy Gean Jr.

8.   Que el demandante decidió pagar a Lois (al no haber depositado una fianza ante el tribunal para retener los fondos mientras se tramitaba la apelación) y, por lo tanto, el dinero pagado a Roy Gean Jr. es suyo.

9.   Que el demandante pagó dinero a Lois para evitar otros asuntos que la ley le exigía en relación con una apelación.

10.   Que Roy Gean Jr. niega haber recibido dinero perteneciente al demandante.

POR TANTO, el demandado Roy Gean Jr. solicita que se deniegue la demanda de creación de un fideicomiso constructivo en su contra, que se le concedan los honorarios y costas incurridas, y que, además, solicite una reparación adecuada.

Bueno, Roy ciertamente lo ve de forma diferente a la mía y, para colmo, solicita al juez que le conceda los honorarios legales incurridos, lo que parece ser una indemnización por todos los demás daños y perjuicios, sean los que sean. Deduzco de la primera parte de sus "Respuestas a nuestra Demanda" que Roy pretende demostrar que no existe base legal alguna para vincularlo a nuestro caso. No existe contrato; no hay comunicación ni nada que lo haga responsable ante mí. Simplemente, Lois le pagó por el trabajo legal que realizó para ella, y el dinero que Lois le pagó era, hasta donde él sabía, dinero de Lois para gastarlo como quisiera. La segunda parte dice que fue mi culpa que el dinero no estuviera protegido y que no se habría distribuido si yo hubiera proporcionado la garantía adecuada para retenerlo en el Tribunal. Así que, en esencia, no basta con presentar una apelación, y si el dinero se gasta antes de que se vea la apelación, mala suerte para mí. No esperen recuperarlo. Este es un ejemplo perfecto de lo que me disgusta de la profesión jurídica. Lo que es claramente correcto no tiene nada que ver con las acciones de Roy. Era legal tomar el dinero, gastarlo rápidamente, así que olvidémonos de quién debería ser el destinatario, según el tribunal. Lástima, ya se gastó, se acabó, mejor sigue adelante, no te debemos nada. Veré qué dice Troy al respecto. Se me ocurre preguntarle a Troy, de nuevo, ¿por qué no es Linda quien debería ser responsable de demandar a Roy para que le devuelva el dinero que le dio Lois? No ganó el caso y los honorarios de Roy son tan exorbitantes que deben ser honorarios de contingencia basados en su victoria. ¿No es que anulen tu veredicto ¿Perder el caso? ¿No deberían devolverse los honorarios de contingencia (es decir, los honorarios contingentes si se gana) si se pierde el caso en apelación? ¿Por qué le pagaron a Roy unos honorarios tan altos? ¿Acaso fue porque ambos lo consideraban una ganancia ilícita y si obtenían algo bueno, si no, no perdían nada? Lois, sin duda, sabía que el dinero no debía ser para ella. Linda quizás pensaba diferente y Roy estaba encantado de recibir la mitad. Ahora es oficial que Roy ha sido retirado del caso de Linda.

El 28 de noviembre, la jueza Cox recibió una carta de Paige Young, abogada de Springdale, Arkansas, que la designaba como abogada de Linda.

Nos informó que, legalmente, Linda tenía 30 días o hasta el 4 de diciembre para responder a la demanda presentada en su contra. También solicitó tiempo adicional para familiarizarse con el caso y aún no estaba segura de si sería necesario presentar pruebas antes de la audiencia. También se envió una copia a Roy.

La jueza le concedió tiempo adicional para familiarizarse con el caso y presentar pruebas. Por favor, informe al Tribunal cuando se haya completado la presentación de pruebas y este caso se incluirá en la lista de casos en ese momento.

El 12 de diciembre de 2011, el Juez Cox emitió la notificación de que se había programado una audiencia preliminar de dos horas para el 13 de enero de 2012 a las 9:30 a. m. ¡Cómo pasa el tiempo!

El 18 de diciembre de 2011, le envié un correo electrónico a Troy con algunas preguntas. Troy:

1. ¿Es mejor para mí asistir a la audiencia previa al juicio o al juicio en sí? Entiendo, leyendo entre líneas, que se decidirá mucho en la audiencia previa al juicio y que tal vez el juicio en sí sea simplemente la decisión del juez y podría resultar más corto que la audiencia. En cualquier caso, dudo que pueda permitirme asistir a ambos, así que ¿cuál me aconseja sobre cuál es más importante?

2. ¿Qué preparativos debo hacer para la audiencia o el juicio?

    El caso original ya se ha juzgado y se nos otorgó la fianza que Humpy quería para mi familia. Desde entonces, todo ha sido maniobras por parte de Linda y Roy para no devolver el dinero. Linda ha sido especialmente hábil para transferir dinero del nombre de Lois a sus propias cuentas, hasta el punto de que Lois no tenía dinero al momento de su muerte. Entiendo que se está preparando para citar muchas leyes que demuestran que esto no era legal por su parte. Creo que debemos impugnar la forma en que Roy condujo hasta Kansas, hizo que Lois firmara el cheque, lo tomó y lo depositó en su cuenta, de la cual le dio a Linda, no a Lois, un cheque por aproximadamente la mitad del dinero. ¿Quién estaba a cargo? Ciertamente no era Lois.

3. El único testimonio que puedo aportar es lo que sucedió entre Lois y nuestra familia, y todo eso se presentó en

el juicio original, en el que prevalecimos en apelación. ¿Qué más puedo ofrecer al juez en estos nuevos casos? Puedo revisar mis testimonios originales y estar preparado para cualquier cosa con respecto al caso original. Parece que el 90% o más dependerá de que usted cite la "Ley de Transferencias Fraudulentas" y otra jurisprudencia relacionada que está preparando. Así que quizás mi presencia sea principalmente para beneficio del juez, ya que podría ser más difícil fallar en mi contra si estoy presente. Si asisto a la audiencia previa al juicio, planearé llegar a Ft. Smith el jueves por la tarde para que podamos hablar de los asuntos antes de la audiencia programada para las 9:30 a. m. del viernes.

Al día siguiente, 19 de diciembre de 2011, Troy me respondió por correo electrónico.

Terry:

Si solo puede asistir a una de las dos opciones, la audiencia o el juicio, le recomiendo que asista al juicio. La vista previa no incluirá ningún testimonio. Serán los abogados los que argumentarán, pero en el juicio habrá testimonio de testigos y podría necesitar que usted sea uno de ellos. Lo que podría necesitar que declare es para demostrar que Lois y Linda sabían del potencial litigio antes de transferir los dúplex a nombre de Linda. Es un hecho que quizás tengamos que probar.

Inmediatamente le respondí a Troy:

Lo que dice es interesante. Como recordará, justo después de la muerte de Humpy, Jon Rose presentó una demanda contra Lois, de la que usted se encargó. ¿Hubo algo involucrado que pudiera haber puesto nerviosa a Lois y la hubiera impulsado a transferir la propiedad lo antes posible a Linda? Personalmente, desconozco la fecha exacta de la transferencia de los dúplex de Humpy y Lois a nombre de Linda. Creo que deberías obtener la fecha exacta lo antes posible. Creo que Lois, o quizás Linda, se dio cuenta de que había motivos para preocuparse por las reclamaciones contra las propiedades de Lois y rápidamente transfirió la propiedad de todo lo que pudieron para reducir ese riesgo.

Troy respondió:

Diciendo que ya había obtenido la fecha exacta de la transferencia de los dúplex y que esos registros muestran que fue poco después de que Lois recibiera la notificación de Summit nombrándola beneficiaria de la cuenta de mi familia. El punto es que Linda y Lois, al transferir los títulos de propiedad de los dúplex a Linda, ya sabían que la titularidad de la cuenta estaba siendo retenida e impugnada en los tribunales. Troy repitió que no sería la mejor manera de aprovechar mi tiempo asistir a la audiencia previa al juicio. Le pediría a Jon Rose que viniera a acompañarlo para la "familia".

4 de enero de 2012, le escribo un correo electrónico a Troy.

Troy:

Me doy cuenta de que parte de lo que escribo es una duplicación de lo que te envié anteriormente, así que intentaré evitarlo. Abordé algo que Linda escribió en su carta al juez Cox sobre cómo mi familia maltrató a su madre en la última reunión. Esto es una completa tontería y, si se presenta en el tribunal, me encantaría responder. Fue Lois quien excluyó a la familia de Humpy al no dejar que mis dos hermanas lo visitaran. Fue Lois quien no dejó que Humpy estuviera solo con ningún miembro de la familia en la reunión. Fue Lois quien separó a Humpy de todos sus antiguos amigos y, finalmente, de su familia. Fue Lois quien ignoró por completo los deseos de Humpy y de toda nuestra familia después de su muerte. Nadie fue invitado al funeral; Humpy no fue enterrado en el lugar reservado para él junto a su anterior esposa, Bobbie, sino en el cementerio de Lois, donde ahora yace entre Humpy y su anterior esposo. Lois no cumplió con los deseos de Humpy respecto a la transmisión de las reliquias familiares que estaban destinadas a mi familia. Lois intentó apropiarse de bienes personales de la familia Rose que no le pertenecían. Deberías conocer ese caso, ya que lo manejaste para Jon Rose. Lois impidió que toda la familia Druyvestein viera o se relacionara con Humpy; eso fue una desgracia, no al revés, que Lois fuera maltratada por la familia de sangre de Humpy.

También quisiera enfatizar que después de que Linda tomó el control con la ayuda de Roy, hizo lo mismo. Nunca logramos que Lois testificara, nunca pudimos hablar con ella para explicarle nada; nunca compareció ante el tribunal, nunca le tomó declaración. El juez Cox permitió que esto continuara desde que presentamos nuestro primer caso en septiembre de 2007 hasta octubre de 2011. Fueron cuatro años de demora y Lois ni siquiera fue tomada a declarar, y mucho menos obligada a declarar bajo juramento. La mantuvieron en secreto, por así decirlo.

Hablé con Jon Rose y me dijo que estaría encantado de acompañarme en la audiencia preliminar si podía programarla. Dijo que me contactaría, pero hasta la fecha no lo ha hecho. Quizás puedas contactarlo con más detalles y recordarle la fecha. Seguiré planeando asistir al juicio, suponiendo que el juez nos lo conceda. Avísame cuando se fije una fecha.

Troy me envió un correo electrónico el 10 de enero de 2012.

Terry:

Jon llamó y no podrá estar en el juzgado el día de nuestra audiencia previa al juicio. He estado negociando con la Sra. Young y ella ha aceptado recibir una nueva demanda contra Linda (que dirá lo mismo que la anterior) que resolverá su solicitud de desestimación, alegando que la demanda anterior no le aplica. A cambio, acepté tomar la declaración de Linda por teléfono.

Pensé que no habría declaraciones antes de la audiencia previa al juicio. Le pregunté a Troy si también me tomarían declaración. Dijo que no lo creía. Dijo que la carga de la prueba recaía sobre nosotros, así que tomaría declaración a Linda para demostrar cómo ella y Lois transfirieron propiedades a nombre de su madre para protegerlas del litigio pendiente.

CAPÍTULO ONCE

Un Nuevo Juego

S E PRESENTA UNA DEMANDA QUE nombra a Lois Druyvesteyn como primera demandada, a Linda Van Divner como segunda demandada y a Roy Gean Jr., ahora como tercer demandado, ante el Tribunal de Circuito del Condado de Sebastian en Ft. Smith, Arkansas, y se notifica a los demandados.

¡Menudo desenlace! Tras cinco años de trámites legales, casos judiciales, apelaciones e incluso un caso ante la Corte Suprema, estamos en el punto de partida. Presumiblemente, ganamos la batalla legal inicial contra Lois y su patrimonio, pero no tenemos nada que mostrar, salvo haber pagado muchas facturas legales y generado una enorme cantidad de trabajo para asistentes legales, taquígrafos judiciales, jueces, etc. Todo esto se hizo porque un abogado no hizo lo que sabía que era justo, sino que siguió un camino que consideró legal. Lois sabía claramente lo que Humpy quería cuando nos nombró a mí y a mi familia como los condenados por muerte en la fianza de Ford Motor Company, y ¿cómo, en nombre de la justicia, pudo su abogado impedirle testificar o prestar declaración para ocultar este hecho durante cinco años? ¿Cómo puede un juez y el sistema legal permitir que esto ocurra? No me cabe duda de que entre las dos partes en la batalla legal y el sistema judicial, las horas invertidas por testigos, abogados, asistentes legales, taquígrafos judiciales, jueces y personal, ya se ha gastado más dinero del que estaba en juego. Cualquier persona sensata debe reconocer que uno realmente debe preguntarse: ¿quién creó este problema? ¿Quién debería pagar estos costos cuando finalmente se esclarezcan todos los hechos? Si los tribunales no fueran tan reacios a otorgar a las partes vencedoras el reembolso de sus gastos legales, los abogados estarían mucho menos inclinados a aceptar un caso que claramente no está justificado. En este caso, planteo este problema directamente al juez Cox. ¿Nos otorgará el reembolso de los gastos legales? ¿Cómo pudo permitir que el abogado de Lois, Roy Gean Jr., se paseara por el sistema con retrasos e incluso incumpliera los plazos de presentación? También parece que se ha ofendido por nuestra reticencia a aceptar sus fallos, y cuando se le remite para que repita su fallo en apelación, lo hace con palabras severas, pero palabras que parecen vacías y que no se cumplen.

El **12 de febrero de 2012**, tuve una conferencia telefónica con mi abogado.

Estoy confundido con el caso y Troy tiene que volver a ponerme en orden. Mi problema es que sigo recordando lo que sucedió en el caso original, el que ganamos y en el que obtuvimos una sentencia contra Lois. Nuestro caso ahora es independiente del primero. Se trata de un caso contra Linda para recuperar el dinero que obtuvo de Lois y que se utilizó para cubrir los gastos de manutención de su madre, y que ahora Linda usaba como una especie de herencia. Ahora nos toca a nosotros demostrar que Linda abusó de su posición y utilizó fondos que no debería haber usado, porque sabía que formaban parte de la demanda que teníamos contra su madre.

Troy dice que esto no es tan fácil como parece: Linda intentará demostrar que necesitaba estos fondos para el sustento de su madre y que estaba justificado usarlos, ya que su madre no tenía otros fondos. Bien, entonces Linda hizo transferir todos los bienes de su madre a su nombre, incluyendo dos dúplex sin deudas, su propia fianza que le otorgó Humpy, una póliza de seguro de vida por un monto que desconozco, la cuenta corriente de Humpy y recibos de muchos bienes personales de los que no sé mucho. En resumen, Lois necesitaba los fondos de nuestra fianza porque ya le había cedido todos sus demás bienes a su hija, incluso la casa nueva que compró en Kansas. Además, Linda, no Lois, recibió el cheque de Roy Gean Jr., quien le entregó su parte del cheque de $208,830 del tribunal. Linda había testificado en el juicio original que tuvieron que reducir los gastos de los bienes de su madre para que esta pudiera acceder a la asistencia pública para sus gastos de vivienda asistida. Al parecer, reducir los gastos significaba transferir la propiedad a Linda. Esta reducción se estaba llevando a cabo durante nuestra demanda contra Lois. ¿No es eso prueba de que se estaban ocultando fondos no sólo al gobierno sino también a mi familia?

Troy afirma que los interrogatorios del segundo acusado, Roy Gean Jr., deben presentarse antes del 7 de marzo de 2012. Me envía una lista de las preguntas del interrogatorio y la información sugerida sobre la que testificaremos. Esta incluye el texto estándar con nombres, direcciones y cómo testificaremos. Esta es nuestra respuesta conjunta.

1. Terry Druyvestein testificará que la familia Druyvestein fue sumamente cordial con Lois Druyvesteyn hasta el momento en que Lois tomó medidas más agresivas para alejar a todos los demás amigos y familiares de Humpy. Este comportamiento extraño y agresivo comenzó a hacerse evidente durante y después de una visita de los Druyvestein en 2006. Este comportamiento se agravó cuando Lois impidió que cualquier familiar visitara o incluso averiguara sobre el estado de salud de Humpy cuando fue hospitalizado en el invierno de 2006/2007.

Este comportamiento se manifestó en la forma en que Lois gestionó los últimos deseos de Humpy al preparar y dirigir su funeral y llevar a cabo sus últimos deseos, los cuales fueron comunicados a Terry y su esposa Loretta en su visita de 2006.

2. Terry Druyvestein también testificará que fue Linda Van Diviner, hija de Lois Druyvesteyn, quien tomó todos los mensajes, se encargó de transmitirlos a Lois y fue la persona responsable de gestionar toda la correspondencia y las relaciones con Lois desde el momento en que se descubrió un error en los formularios TOD originales, a través de toda la correspondencia para intentar resolver y corregir el error cometido, durante el transcurso de la demanda inicial destinada a rectificar el error y a lo largo de todas las acciones legales desde entonces.

3. Loretta Druyvestein testificará sobre todas las partes del testimonio anterior en las que participó, además de una conversación telefónica que mantuvo con Linda Van Divner, en la que Linda indicó que ella y Lois estaban interesadas en resolver el "error" en los documentos de TOD y que no deseaban "reclamar" el dinero de la fianza que debía ir a la familia Druyvestein.

4. Jon Rose testificará sobre la actitud y las acciones egoístas y mezquinas que Lois exhibió al iniciar un programa para crear discordia entre su abuelo Humpy, su familia y los viejos amigos de Humpy en su vecindario. Testificará sobre cómo Lois impidió que su familia viera a Humpy en el hospital, cómo Lois se opuso a los planes de entierro de Humpy y cómo ni siquiera se les permitió asistir al funeral. También testificará sobre sus acciones inmediatamente después del funeral.

Además, se declaró que Terry Druyvestein tiene notas personales y registros de conversaciones telefónicas a los que hará referencia. (Agradezco haber anotado regularmente las conversaciones en un diario con mis archivos).

El 6 de enero recibimos una "Moción para Anular la Declaración" de Paige Young, abogada de Linda. (En todas estas demandas, parece que la primera respuesta no es cooperar, sino intentar desistir del proceso). Las razones de esta moción son las siguientes: la Sra. Van Divner presentó una Moción de Desestimación basándose en la premisa de que no existe una demanda debidamente presentada ante un tribunal competente; que la declaración pretende exigir que se tome acción contra una persona de otro estado que no es parte en la supuesta causa de acción; que el tribunal carece de jurisdicción personal sobre la Sra. Van Divner; que la notificación de la declaración es insuficiente para requerir su comparecencia; y, si nada de esto funciona, solicita que la declaración se realice por teléfono. Además, el tercer acusado, Roy Gean, presenta una moción de desestimación.

El 6 de febrero, el juez Cox firma una orden de desestimación, ya que ambas partes acuerdan la desestimación.

Al parecer, surgen algunos problemas legales y Troy tiene que rehacer la demanda. Se presenta una nueva demanda nombrando a Linda Van Diviner como primera demandada y a Roy Gean como segundo demandado. Después de todo, Lois está muerta y no sé por qué figuraba en la demanda original, ni siquiera pregunto. Solo un par de meses más perdidos. Por lo tanto, la nueva demanda ahora es: DEMANDA ENMENDADA PARA LA CREACIÓN DE UN FIDEICOMISO CONSTRUCTIVO, PARA SENTENCIA CONTRA LINDA VAN DIVNER Y PARA COMPENSACIÓN DE CONFORMIDAD CON EL ESTATUTO DE ARKANSAS 4-59-204, ET. SEQ.

Los hechos comunes a todas las causas de acción fueron los siguientes:

1. T. Druyvestein fue nombrado beneficiario de pago por fallecimiento de una cuenta a nombre de Humpy Druyvesteyn. T. Druyvestein se comunicó con Lois Druyvesteyn y su hija, Linda Van Divner, así como con Donna Young, la asesora financiera de Lois. T. Druyvestein fue nombrada beneficiaria por fallecimiento (TOD) de una cuenta mantenida en estas conversaciones, y las tres partes fueron informadas de que T. Druyvestein reclamaría los fondos, previamente registrados a nombre de Humpy Druyvesteyn. Sin embargo, se produjo un error. La asesora financiera testificó en el documento CV-2007-1383 que cometió un error administrativo y que Lois fue incluida erróneamente como beneficiaria por fallecimiento de la cuenta en cuestión, a pesar de las intenciones de Humpy. El tribunal de primera instancia, en el documento CV-2007-1383, dictaminó que el documento escrito prevalecía y que Lois era la beneficiaria correcta. El Tribunal de Apelaciones de Arkansas dictaminó que la demandante tiene derecho a los fondos en virtud de un fideicomiso constructivo. El tribunal de primera instancia dictó sentencia a favor de T. Druyvestein en el caso CV-2007-1383 por la cantidad total de $208,830. Van Divner continuó representando a su madre y respondió a los interrogatorios posteriores a la sentencia. El monto y la ubicación de dichos fondos se ocultaron al demandado y a su abogado debido a que las respuestas a los interrogatorios fueron, en palabras del tribunal de primera instancia, "inadecuadas e increíbles". El demandante solo tuvo conocimiento de la ubicación y la cantidad de los fondos el 31 de agosto de 2011 a través de las respuestas a los interrogatorios presentadas por la Sra. Linda Van Divner tras la presentación de una moción de desacato.

2.   Van Divner admitió en su carta de presentación al tribunal que depositó todos los fondos del CV-2007-1383 en su propia cuenta corriente, excepto la parte retenida por el Sr. Gean para sus honorarios y gastos en el litigio del CV-2007-1383. La carta de Van Divner puede interpretarse razonablemente como una demostración de que no pagó una contraprestación por los fondos. Además, incluso si pagó los gastos médicos de Lois con los fondos, lo hizo sin ninguna obligación legal y protegió sus propios activos al evitar que la cláusula de retrospección de Medicaid afectara las transferencias previas de activos a Van Divner.

3.   Van Divner alegó en su carta que el Sr. Gean cobró $103,205 en honorarios por su trabajo en el CV-2007-1383, pero se ha negado a proporcionarle una contabilidad de dichos honorarios.

4.   El Sr. Roy Gean y la Sra. Linda Van Divner asumieron el control de la totalidad de los fondos a los que tiene derecho la demandante, es decir, $208,830.72. Los fondos se dividieron: el Sr. Gean se quedó con $103,205 y la Sra. Divner con $105,625.72.

Demanda de un fideicomiso constructivo contra ambos demandados.

1.   Se debe constituir un fideicomiso constructivo sobre los fondos en poder del Sr. Gean y la Sra. Van Divner, y dictar sentencia en su contra a favor del Sr. Terry Druyvestein. La sentencia contra la Sra. Van Divner debe ser por la cantidad total de $208,830.72, ya que ocultó la ubicación de dichos fondos durante más de un año y defraudó al tribunal con sus respuestas previas a interrogatorios, las cuales no revelaron que los fondos se depositaron en una

cuenta a su nombre. Estas transferencias se realizaron, como mínimo, como resultado de un error. Van Divner tenía el deber de revelar la ubicación de los fondos al tribunal, dado que había comparecido ante él para solicitar una indemnización y sabía que el tribunal había dictado sentencia sobre dichos fondos. En caso de transferencia indebida de fondos a un tercero, con o sin fraude, este tribunal tiene el deber de constituir un fideicomiso constructivo sobre dichos fondos y ordenar su transferencia al beneficiario correcto. Entre las razones adicionales para constituir un fideicomiso constructivo se encuentra el hecho de que el Sr. Gean y la Sra. Van Divner realizaron la transferencia sin el conocimiento ni el consentimiento por escrito de Lois y sin consultar a ningún tribunal ni tutor que actuara en nombre de Lois.

Solicitud de indemnización en virtud del Estatuto de Arkansas 4-59-204 y otros.

1. El patrimonio de Lois Druyvesteyn es insolvente según la definición del Estatuto de Arkansas 4-59-202. Esto era conocido o razonablemente debieron haber sido conocido por ambos demandados en virtud de su relación con Lois como su asesora legal e hija.

2. Tanto Van Divner como el Sr. Gean conocían la reclamación de T. Druyvestein en ese momento, ya que se habían realizado transferencias a sí mismos con fondos propios de Lois.

3. Las respuestas a la presentación de pruebas y las citaciones posteriores a la sentencia revelaron que Lois no contaba con fondos suficientes para cumplir la sentencia tras su fallecimiento. Las transferencias mencionadas de Lois

han dejado a su patrimonio sin la capacidad de pagar a su acreedor legítimo, T. Druyvestein.

4. La transferencia a Linda Van Divner no se realizó por el valor recibido y, por lo tanto, debe anularse de conformidad con el Estatuto de Arkansas. Cuando un deudor realiza una transferencia, conociendo la reclamación de un acreedor, y no recibe valor, la transferencia se considera fraudulenta y puede revertirse. El Estatuto reconoce a los tribunales de primera instancia la "facultad de equidad" para evitar injusticias.

5. Cualquier fondo adeudado a Roy Gean es deuda de Lois. No debe pagarse con el dinero de T. Druyvestein. Linda Van Divner alega en su carta, Anexo A, que los honorarios del Sr. Gean por dicha transferencia no se basan en el valor. De hecho, los honorarios del Sr. Gean son mucho mayores que los que facturó el abogado de la parte contraria por un trabajo similar sobre el mismo asunto. Esa transacción también debe anularse y los fondos deben transferirse de vuelta al Sr. Druyvestein.

6. Finalmente, Linda Van Divner provocó la transferencia de un inmueble sin considerar la deuda que Lois tenía con el Sr. Druyvestein. Esta propiedad consiste en dos dúplex en Ft. Smith, que Humpy había cedido a Lois. (Descripciones legales adjuntas) Estas propiedades se transfirieron sin considerar la posible deuda con el Sr. Druyvestein. Por lo tanto, esta transacción debe anularse si la sentencia no se satisface con el pago de los fondos por parte de los dos demandados.

Por consiguiente, el demandante solicita una orden de este Tribunal que conceda la reparación aquí establecida y cualquier otra reparación a la que pueda tener derecho.

El 8 de febrero de 2012 se emitió una certificación de notificación a: 1.1 Paige E. Young, abogada de la primera demandada, Linda Van Divner. 2.2 Roy Gean Jr., el segundo demandado.

3.3 Honorable James Cox, Juez de Circuito del Condado de Sebastian.

4.4 **El 15 de febrero,** Roy Gean Jr. respondió a la DEMANDA ENMENDADA PARA LA CREACIÓN DE UN FIDEICOMISO CONSTRUCTIVO, PARA UNA SENTENCIA CONTRA LINDA VAN DIVNER Y PARA UNA REPARACIÓN DE CONFORMIDAD CON EL ESTATUTO DE ARKANSAS 4-59-204, ET. SEQ.

1. El segundo demandado, Roy Gean Jr., no es parte legítima en este litigio.
2. Que el demandante, Druyvestein, no tiene derecho a reclamar ni legitimación activa contra el segundo demandado y, además, no tiene relación directa con dicho segundo demandado.
3. Que el demandante, Druyvestein, no ha presentado hechos que permitan obtener una indemnización contra el segundo demandado, Gean.
4. Que existe falta de relación contractual en relación con cualquier reclamación presentada por el demandante contra el segundo demandado, Gean.
5. Que todas las sumas de dinero pagadas por Lois Druyvesteyn al segundo demandado, Gean, fueron devengadas por este y por las cuales este podía esperar un pago. Que no existía contrato, acuerdo ni fundamento alguno para un litigio entre el demandante y el segundo demandado, Roy Gean, Jr. Que el demandante no tiene legiti-

mación activa para cuestionar el acuerdo de honorarios entre el segundo demandado y su cliente.

6. Que el contrato entre Lois Druyvesteyn y el segundo demandado, Gean, era un contrato típico entre abogados y clientes, en el que los clientes pagaban a los abogados sus honorarios y otros arreglos para cubrir costas y gastos.

7. Que no existía ninguna conexión ni fundamento para que el demandante presentara una demanda contra el demandado Gean.

8. Que el demandante decidió pagar a Lois Druyvesteyn la suma de dinero que le pagó (al no depositar una fianza de suspensión de pagos) y que, en relación con ello, el demandado Roy Gean no estuvo involucrado.

9. Que el demandante pagó dinero a Lois Druyvesteyn para evitar otros asuntos que la ley le exigía en relación con una apelación que presentó contra Summit Brokerage Services, Inc. y contra Lois Druyvesteyn, presentada en el caso Druyvestein contra Summit y Lois Druyvesteyn, caso n.º CV-2007-1383.

10. Que el demandado niega haber recibido dinero perteneciente al demandante, Druyvestein, o sobre el cual este pueda alegar un interés. Que Druyvestein aparentemente alega que el dinero era suyo, a pesar de ser él quien realizó el acuerdo y ordenó el pago a Summit Brokerage, y que este se pagara a la susodicha Lois Druyvesteyn. (Esto, nuevamente, debido a su omisión de presentar una fianza de suspensión de pagos).

11. Que, como defensas afirmativas adicionales, el demandado alega la omisión de nombrar a la parte necesaria, la falta de fraude, la falta de intención fraudulenta, el estoppel, la liberación, el plazo de prescripción y la renuncia.

12. Que se admite que Roy Gean Jr. es abogado con licencia para ejercer la abogacía en el Estado de Arkansas y residente del mismo.

13. Que se admite que el Tribunal de Primera Instancia falló a favor del cliente del segundo demandado.

14. Que, a menos que se admitan específicamente en el presente, se deniegan todas las alegaciones establecidas en la Demanda Enmendada antes mencionada.

POR TANTO, considerando las premisas, el segundo demandado solicita que se deniegue y se desestime la demanda enmendada y, además, solicita todas las demás reparaciones a las que tiene derecho, incluyendo el reembolso de los honorarios y costas de los abogados en que incurrió.

Pues bien, parece que el Sr. Gean está indignado por ser citado a este caso. Cuando claramente carece de argumentos sustanciales y está claramente equivocado, se muestra ofensivo y se indigna, intentando intimidar a cualquiera que piense que no tiene razón. Incluso tiene el descaro de solicitar el reembolso de los honorarios de su abogado. En realidad, se apropió de la mitad de una ganancia ilícita y me culpa por permitir que el dinero se distribuyera a su cliente y luego a él, todo esto porque mi abogado no depositó la fianza para retener los fondos durante la apelación. Solo admite que el tribunal de primera instancia falló a su favor y, como recibió su dinero antes de que el tribunal de apelaciones revocara la decisión del tribunal, debería poder conservarlo porque se lo "entregó" a Lois y ella le pagó sus honorarios.

Tiene razón en parte en una cosa. Mi abogado debería haberme preguntado si quería depositar la fianza y retener el dinero en el tribunal. Nunca supe de este requisito de depositar una fianza provisional. Pensé que, como la decisión del tribunal de primera instancia estaba en apelación, el dinero se retendría automáticamente. En cualquier caso, mi abogado debería haberme preguntado al respecto. Creo que mi abogado no lo sabía o estaba demasiado ocupado para considerar la opción, así que no me lo preguntó. Si lo hubiera hecho, sin duda habría considerado depositar la fianza. Resulta que, sin duda, habríamos ahorrado mucho tiempo y dinero si lo hubiéramos hecho.

El 22 de febrero de 2012, el segundo acusado, Roy Gean Jr., responde a la CV-2012-34.

ROY GEAN, JR., SEGUNDO DEMANDADO
RESPUESTAS A LOS INTERROGATORIOS Y SOLICITUDES
DE EXHIBICIÓN DE DOCUMENTOS

> INTERROGATORIO No.1: Indique si su acuerdo de honorarios con Lois Druyvesteyn era por horas o por honorarios contingentes.
>
> RESPUESTA No.1: Objeción. La información solicitada es un asunto de privilegio entre el segundo demandado y su cliente, Lois Druyvesteyn. El demandado también objeta la legitimación del demandante para cuestionar la razonabilidad de los honorarios.
>
> INTERROGATORIO No.2: Si su acuerdo con Lois Druyvesteyn era por horas, indique el total de horas que dedicó a trabajar en el caso de Lois Druyvesteyn.
>
> RESPUESTA No.2: Objeción. La información solicitada es un asunto de privilegio entre el segundo demandado y su cliente, Lois Druyvesteyn. El demandado también objeta la legitimación del demandante para cuestionar la razonabilidad de los honorarios.
>
> SOLICITUD DE PRODUCCIÓN No. 1: Por favor, presente una copia de cualquier registro de horas que haya conservado, indicando las horas que trabajó en nombre de Lois Druyvesteyn.

RESPUESTA A LA SOLICITUD DE PRODUCCIÓN No. 1: Objeción. La información solicitada es una cuestión de privilegio entre el segundo demandado y su cliente, Lois Druyvesteyn. Este demandado también objeta la legitimación del demandante para cuestionar la razonabilidad de los honorarios.

LA SOLICITUD DE PRODUCCIÓN No. 2, EL INTERROGATORIO No.3 Y EL INTERROGATORIO No. 4, que trataban sobre acuerdos de honorarios, honorarios de contingencia y tarifas por hora, se encontraron con la misma objeción y las mismas razones expuestas anteriormente.

El bufete de abogados Gean, Gean and Gean está dirigido por el patriarca, Roy Gean Jr., con quien hemos trabajado en estos casos. Un hijo, Roy Gean III, ha asumido el caso en defensa de su padre y ha presentado una queja ante mi abogado, Troy Gaston. Troy respondió a sus quejas por carta de la siguiente manera:

Estimado Sr. Gean: **27 de febrero de 2012**

Entiendo perfectamente su objeción a algunos de los interrogatorios que he propuesto en nuestro caso. Coincido en que son solicitudes inusuales; sin embargo, creo que son susceptibles de descubrimiento en el presente caso. Claramente, este litigio surge de la representación de Lois Druyvesteyn por parte del Sr. Roy Gean Jr., y los hechos son relevantes para ella. Cabe señalar que no creo que el privilegio de objeción esté amparado. En concreto, nada de lo que he solicitado obliga al Sr. Gean Jr. a proporcionar los detalles del asesoramiento que brindó a Lois Druyvesteyn. Los detalles del trabajo realizado no están protegidos, siempre que no revelen asesoramiento confidencial.

Por favor, considere proporcionarme los detalles del acuerdo de honorarios o tendré que presentar una moción de obligatoriedad.

-Troy. El Sr. Gean III solicita al tribunal una orden de protección para proteger los registros de facturación de los abogados, que él mantiene como información privilegiada entre abogado y cliente. Por lo tanto, Troy debe responder a dicha moción.

RESPUESTA A LA MOCIÓN DE ORDEN DE PROTECCIÓN

1. El demandante incorpora su escrito presentado previamente en apoyo de la Moción de Obligación, en el que argumentó claramente que los registros de facturación de los abogados y los acuerdos de honorarios no están protegidos como comunicaciones confidenciales de asesoramiento legal al cliente.

2. Además, el segundo demandado, Roy Gean Jr., plantea varios argumentos irrelevantes. El demandante en esta acción la ha interpuesto bajo fideicomiso constructivo. El demandante ha alegado que Roy Gean Jr. recibió un anticipo de dinero de un deudor o del demandante y que esto violaba la Ley de Transferencias Fraudulentas, a menos que se pueda demostrar que Roy Gean Jr. proporcionó un valor por los fondos que recibió. La cuestión en disputa es si a Roy Gean Jr. se le debía realmente la suma superior a $100,000 o si se proporcionó un valor real a Lois Druyvesteyn por esa cantidad.

3. Además, el Sr. Roy Gean Jr. cita una ley que contradice la jurisprudencia entre estas mismas partes. En concreto, argumenta que el fraude es necesario para la creación de un fideicomiso constructivo. Este tribunal es plenamente

consciente de que un simple error o injusticia basta para la creación de un fideicomiso constructivo. Dicho error puede ser cometido por un tercero. El hecho de que un tercero pueda cometer el error queda demostrado por la decisión del Tribunal de Apelaciones en este caso, donde el Tribunal determinó que el error de Donna Young era motivo suficiente para la creación de un fideicomiso constructivo entre las partes Lois Druyvesteyn y Terry Druyvestein. En el presente caso, la única razón por la que se pagó dinero a Roy Gean Jr. fue el resultado de un error.

POR TANTO, el demandante solicita una orden de este Tribunal que deniegue la reparación solicitada en la Moción de Orden de Protección y cualquier otra reparación a la que tenga derecho.

Troy continúa **el 21 de marzo** solicitando al juez Cox que fije una fecha de audiencia lo antes posible para nuestra Moción de Obligación.

Me quejo con Troy por la actitud generalmente poco cooperativa de la defensa y por cómo el juez parece dejar que las cosas sigan su curso.

Troy me responde por correo electrónico el **26 de marzo**:

"Creo que el punto que ambos pasan por alto (especialmente el Sr. Gean) es que estamos demandando bajo una ley específica de Arkansas que nos permite presentar una reclamación contra un tercero si nuestro acreedor (Lois) recibió dinero transferido a esos acreedores sin compensarlos por ello. En el caso de Linda, ella ha admitido en su propia carta que el dinero le fue a parar. Pero no ha presentado ni una sola prueba de que gastara el dinero en la atención médica de Lois, incluso si eso fuera una defensa, lo cual no creo que lo sea. No creo que debamos mencionar nada sobre Lois. Creo que nos beneficia que parezca que Linda se aprovechaba del cobro de cheques de su pobre madre".

El 19 de abril de 2012, el juez Cox finalmente fijó una audiencia de dos horas para las mociones, el 17 de mayo de 2012, dos meses después de todas estas mociones. Pero entonces debería haberme alegrado de haber conseguido una fecha. El Sr. Gean III tuvo un conflicto, así que solicitó un nuevo aplazamiento. La audiencia se programó un mes después, el 14 de junio.

El 11 de julio de 2012, le escribí un correo electrónico a Troy:

"Espero que el juez Cox dicte sentencia pronto y luego fije una fecha para el juicio". Tengo un viaje planeado del 6 al 15 de octubre. Espero poder evitar esas fechas. Sin embargo, contraté un seguro de viaje por si acaso no se puede evitar.

Troy responde que, en la audiencia, la abogada de Linda, Paige Young, dijo que iban a proponer una Moción de Sentencia Sumaria. (Una Sentencia Sumaria desestimaría el caso por completo). Troy habló con el juez sobre otro asunto y, a continuación, le preguntará cuándo prevé dictar sentencia.

Me pregunto en qué se basa la sentencia sumaria. ¿Lo mismo que se mencionó antes?

El 25 de julio, Troy responde:

"En resumen, dicen que no podemos presentar una reclamación fraudulenta por transferencia de propiedad porque ocurrió antes de que se presentara el caso judicial y hace demasiado tiempo. Probablemente sea cierto, pero no les afectará a largo plazo si ganamos. La razón es que la ley de Arkansas otorga un gravamen automático por sentencia judicial sobre bienes inmuebles y podemos ejecutar ese gravamen (vender los dúplex) siempre que Linda no viva en ellos.

No tengo ni idea de por qué el juez no hace nada. Nunca en mi carrera he visto a un juez tardar tanto en resolver una moción. Solo puedo pensar que quizás esté esperando a que la demandada Linda presente esta Moción de Sentencia Sumaria y que vaya a resolver ambas a la vez.

Debo decir que, cuanto más se demore, más ansiedad siento. Sigo convencido de que tenemos razón, e incluso si tenemos que apelar para demostrarle al juez que (de nuevo) deberíamos ganar a largo plazo. ¡Pero esto solo le da a Linda más tiempo para gastar sus bienes! Estoy muy frustrado, como seguramente tú también.

Sí, estoy frustrado. Estamos en 2012; presentamos la demanda hace cinco años. ¡Menudo tiempo para gastar los bienes de su madre!

CAPÍTULO DOCE

El caso de Linda

PARA MAYOR CLARIDAD, SEPARARÉ LOS dos casos actuales: el de Roy Gean, abogado de Lois, y el de Linda Van Divner, hija de Lois. Continuaré en este capítulo con el caso de Linda y en el siguiente con el de Roy.

El 7 de agosto de 2012, recibimos la decisión del juez Cox. Me alegra que finalmente fallara a mi favor y denegara la "Moción de Desestimación" presentada por Linda. Ahora podemos proceder con el caso en su contra y, con suerte, obtener finalmente una solución tras este largo proceso legal.

El 28 de agosto, Troy envía un mensaje a Paige Young, abogada de Linda. Tenía entendido que estaba esperando la decisión del juez sobre su Moción de Desestimación antes de cumplir con cualquier descubrimiento en este caso. Observo que el juez ha denegado su Moción de Desestimación; por lo tanto, le solicitamos respetuosamente que cumpla con todas las solicitudes de descubrimiento previas. Observo que usted y su cliente han tenido tiempo suficiente para preparar sus respuestas y también para reunir todas las pruebas solicitadas; por lo tanto, solicito que su respuesta se envíe a mi oficina a más tardar tres días después de recibir esta carta.

Muy bien, sigamos adelante. Han pasado 21 días desde el fallo del juez y no ha sucedido nada.

A mediados de octubre finalmente obtendremos algunas respuestas a nuestras preguntas interrogatorias a Linda. Enumero algunas porque muchas son objeciones basadas en el privilegio abogado-cliente. Evidentemente, Paige Young planea continuar con el mismo procedimiento que utilizó el Sr. Gean cuando aún era abogado de Lois. Pregunta: Indique la cantidad total de dinero que afirma haber pagado para cubrir las facturas médicas de Louis Druyvesteyn. Respuesta: He pagado $151,222.

> Pregunta: Identifique al proveedor médico al que ha pagado facturas médicas en nombre de Lois Druyvesteyn.
>
> Respuesta: Pagué $139,440 mensuales por gastos de manutención en Olathe North Homestead, $9,030 en primas de seguro médico complementario a Arkansas Blue Cross Blue Shield, aproximadamente $2,000 en cobertura de medicamentos recetados y $752 en primas de seguro de vida.

No soy abogado, pero veo estos gastos de manutención de $151,222 para un apartamento en una residencia asistida, además de los gastos de las primas de seguro, y me pregunto: "¿Qué tiene esto que ver conmigo?". Lois tomó lo que el tribunal dice que era dinero que debía ir a mi familia, y Linda dice que se gastó en los gastos de manutención de su madre cuando sabían que mi familia lo reclamaba. Así que, lástima que ya no esté; lo gasté en sus gastos de manutención y ella ya falleció, así que es demasiado tarde. Mientras tanto, Lois le dio a Linda todo su dinero, sus dúplex, su casa, etc., que tenía disponible para los gastos de su madre, pero está gastando el dinero de la fianza que no le pertenecía. ¡Dios mío! ¿De verdad hay que ser juez y tener una mente legal para resolver esto? Finalmente pudimos tomar declaración a Linda (en persona) el 11 de diciembre de 2012. Solo les daré una parte de la declaración, ya que es larga y gran parte tiene poco que ver con la resolución del caso.

Mi abogado, Troy, es quien hace las preguntas.

> Pregunta: ¿Ha revisado la factura de Roy Gean Jr. que nos enviaron a mí y a la Sra. Young el 17 de agosto?
> Respuesta: Sí.

Pregunta: ¿Tiene unas ocho páginas?

Respuesta: Sí.

Pregunta: ¿Y detalla 566 horas de facturación? Respuesta: Sí.

> P: Permítame preguntarle en general: ¿hay algo que le haya llamado la atención o le haya sorprendido al revisarla?

> R: Sí, lo que me sorprendió fue lo que anotó, las horas que anotó. Todo el asunto, ya sabe.

> P: ¿Le pareció excesivo? R: Muy excesivo. P: Quiero preguntarle específicamente sobre una entrada. Si desea consultar esta copia en cualquier momento, avíseme. (Le conseguiremos otra copia).

> R: De acuerdo.

> P: Le pregunto que el 5 de agosto de 2009, el Sr. Gean registró la facturación para reflejar que tuvo una llamada telefónica con usted que duró cuatro horas. Mi pregunta es si recuerda haber tenido alguna vez una conversación telefónica tan larga con el Sr. Gean.

> R: Nunca hablé con él tanto tiempo.

> P: ¿Cuál diría que fue el tiempo más largo que pasó hablando por teléfono con el Sr. Gean?

> R: Podrían ser 10 o 15 minutos. No fue tanto tiempo. O sea, ese sería el máximo. Muchos fueron de cinco minutos. Nunca es tan largo.

P: En respuestas anteriores que envió al juez Cox, antes de que la Sra. Young interviniera, indicó que, cuando se dividió el cheque de Summit, le pidió al Sr. Gean una factura detallada. R: ¿Qué es una factura detallada?

P: No digo que la haya recibido. Le pido que aclare su declaración en su carta del 31 de agosto de 2011, que dice: "Le pedí a Roy Gean Jr. un estado de cuenta de servicios, lo cual supuse que explicaría por qué retuvo los $103,205, pero no he recibido dicho estado hasta la fecha". Entonces, le pregunto, ¿qué respuesta le dio Roy cuando le pidió un detalle de sus servicios?

R: Veamos. Al principio del trato, le pregunté cuánto les debía mamá. Y él dice: "No te preocupes". Y luego, cuando ganamos el primer caso, le pregunté: "Bueno, ¿cuánto te debe?". Y él solo dijo: "Es mucho".

P: ¿Solo dijo: "Es mucho"?

R: Sí, y después de eso, fue todo lo que se dijo. Entonces, cuando tomó el cheque, no le dio ninguna factura, nada.

P: ¿Crees que cuando recibiste tu parte del cheque de $208,000, en ese momento, de nuevo, basándote en lo que escribiste aquí, le preguntaste: "Me gustaría tener un desglose detallado de tu facturación"?

R: No. Cuando tomó el cheque, me pareció raro que le hiciera firmarlo y luego lo tomara. Se lo dije a mi esposo; me pareció un poco raro. Simplemente vino aquí a Kansas y lo tomó. Pensé que el cheque venía del juez. Ahí fue donde le pedí a Roy que le preguntara al juez si la otra mitad podía estar a mi nombre (no a nombre de Lois). Eso es porque en ese momento estábamos tratando de reducir los gastos de mamá, porque cuando tienes personas mayores, y el médico me recomendó hacerlo. Y luego tienes tres o cinco años cuando las cosas se ponen a tu nombre para intentar que ella tenga Medicaid. Por eso le pedí que le preguntara al juez sobre eso. Uno pensaría: "Bueno, él es tu abogado, debería saber las probabilidades legales de eso".

(Mis notas: ¡Menuda relación la de tu abogado! Roy se lleva la mitad del cheque y no le da a Linda una factura detallada ni siquiera de ningún tipo. Linda está decidida a ocultar el dinero en sus cuentas para que su madre no tenga dinero para pagar sus facturas y tenga que ser incluida en Medicaid. Lo llaman "reducir el gasto" de los bienes de su madre. Le quitan su dinero, le quitan sus dúplex, le quitan su casa y, ¡mire!, ya no le queda dinero para pagar sus facturas, y mucho menos para devolver lo que le quitaron a mi familia).

P: ¿Tenías conocimiento de algún acuerdo de honorarios contingentes entre tu madre y Roy? ¿Y un acuerdo de honorarios contingentes es uno de esos acuerdos que firmas con tu abogado que estipula que él recibirá un porcentaje del dinero si gana el caso? R: No. Nada en absoluto. (No hay acuerdo escrito de ningún tipo).

(Mis notas: Esta era una pregunta clave porque si hubiera un acuerdo de contingencia, a Roy no se le habría concedido nada por haber perdido el caso. De hecho, recibió más de $103,000 por perder un caso. No es un mal salario, diría yo).

P: Ahora, con su copia del reciente desglose de la factura del Sr. Gean frente a usted, me gustaría hacerle algunas preguntas. En la página 4, con referencia a la fecha del 30 de marzo de 2009, se hace referencia a una llamada telefónica de cuatro horas dirigida a usted. Además, hay una llamada de tres horas el 3 de marzo y, además, hay dos llamadas telefónicas más el 3 de marzo dirigidas a usted. Cada una es de tres horas. Ahora, mire arriba y añada el número de horas que el Sr. Gean informa haber pasado hablando por teléfono con usted ese día.

R: Imposible.

P: Profundicemos un poco más. ¿Cuántas horas dice el Sr. Gean que pasó hablando por teléfono con usted ese día?

R: En realidad, son más horas de las que se dedican a un día de trabajo.

P: A eso me refería. Dice que pasó nueve horas hablando por teléfono contigo, ¿no?

R: Ajá, y trabajo.

P: Te voy a dar mi teléfono para que lo uses como calculadora. Empieza con las nueve horas que el Sr. Gean afirma haber pasado hablando por teléfono contigo. Ese mismo día, ¿cuántas horas declara haber dedicado a revisar las declaraciones?

R: Ocho horas, para un total de 17.

P: Entonces, ¿cuánto tiempo declara haber dedicado a revisar el expediente de Summit Brokerage?

R: Ocho horas, para un total de 25.

P: ¿Y estás de acuerdo conmigo en que hay otra entrada de ocho horas para revisar los anexos de Summit Brokerage? R: Sí, para un total de 33.

P: Ahora, sume también dos horas por una llamada telefónica conmigo, Troy Gaston, y las seis horas que se muestran para revisar los documentos presentados por Terry Druyvestein, y cinco horas por una llamada a Jamie White.

R: ¿Jamie White? ¡Es mi recaudador de impuestos!

P: ¿Cuál es el total ahora?

R: 46 horas.

P: ¿Su recaudador de impuestos, Jamie White, le ha facturado alguna vez una llamada telefónica de cinco horas con Roy Gean Jr.?

R: No.

P: ¿Qué fecha observa que el Sr. Gean pone en la revisión de los documentos presentados por Terry Druyvestein?

R: 3 de marzo.

P: ¿Qué fecha tiene el documento respecto a cuándo se presentó realmente?

R: 6 de abril.

P: ¿De 2009?

R: Ajá. Entonces, no puede facturar por eso si aún no se había presentado. ¿Es correcto? P: Supongo que sí, a menos que hubiera pruebas de que se las habían entregado al Sr. Gean antes (que no fue así). El 6 de abril es bastante después del 3 de marzo, ¿no?

R: Sí.

P: ¿Revisó regularmente los documentos y la correspondencia que llegó sobre el caso de su madre? Por ejemplo, cuando le escribía una carta al juez, ¿le daría una copia? R: No, la verdad es que no.

(Mis notas: La contabilidad de Roy sobre el tiempo y los gastos es completamente inventada y, además, hizo poco o nada para mantener informados a sus clientes. Cualquiera, incluso Linda, puede ver que esto es falso. Roy no puede justificar los cobros que ha hecho por el trabajo que realizó).

P: Supongo que su postura es que, si se genera más dinero, ha gastado X dólares en el cuidado de su madre y que no le debe dinero a nadie. ¿Es correcta esa afirmación?

R: Sí.

P: Entonces, si Roy Gean facturó de más y el Tribunal dictamina que mi cliente, el Sr. Druyvestein, no tiene derecho a nada, ¿quiere que Roy Gean le devuelva parte de ese dinero a usted o al patrimonio de su madre? R: ¿Qué dice? ¿Si se devolviera el dinero? P: Bueno, digámoslo así. ¿Cree que Roy facturó de más? Ha facturado más tiempo del que realmente dedicó al caso de su madre.

R: ¡Sí, lo hizo! ¡Sí, lo hizo!

P: Y si al Sr. Druyvestein no se le otorga nada de ese dinero, ¿cree que Roy Gean debería poder quedárselo? R: No.

P: ¿Preferiría, y no pregunto legalmente quién debería recibirlo, solo pregunto desde su punto de vista, que si Roy ha facturado de más, sería más correcto que él se quedara con el dinero que ha facturado o que lo recibiera el Sr. Druyvestein?

R: Probablemente el Sr. Druyvestein.

(Mis notas: Bueno, al menos Linda ahora ve a Roy como el principal culpable de este asunto).

P: Me gustaría que volviera a 2007. Me gustaría establecer un punto de partida: ¿qué bienes tenía su madre a su nombre en ese momento? R: ¿En 2007?

P: Sí, puede pensar en el momento en que murió Humpy, si le resulta más fácil.

R: Bueno, cuando murió Humpy. Probablemente en ese momento tenía los dúplex y recibió un bono que le dieron. Luego compró y, con ese bono y el dinero que tenía, compró la casa en Kansas.

P: Ese es el que todos acordamos: uno de estos bonos debería haber estado a nombre de Lois, ¿verdad?

R: Correcto.

P: ¿Me está diciendo que lo cobró y compró una casa en Kansas?

R: Correcto.

P: ¿Qué pasó con la casa en Kansas? R: Todavía lo tiene; bueno, está a mi nombre.

P: Bien. ¿Cuándo se transfirió a tu...?

R: Creo que el primero de octubre de... creo que fue en 2007.

P: ¿Se hicieron las transferencias a los dúplex al mismo tiempo? R: Sí.

P: ¿Y esto se hizo pensando en que mamá eventualmente terminará en una residencia de ancianos y necesitamos gastar su dinero?

R: Sí. El médico me aconsejó después de la cirugía que pusiera sus bienes a mi nombre. Dada su salud, si tuviera que ir a una residencia de ancianos, antes eran tres años y ahora Medicaid tarda cinco antes de que lo cubra. Con su demencia y demás, pueden vivir mucho tiempo y sería muy difícil cuidarla.

P: ¿Llegó a ser elegible para Medicaid?

R: No. 4

P: ¿Porque las transferencias fueron demasiado recientes?

R: Deben ser cinco años, y estuvo en la residencia asistida casi cuatro.

P: Cuando me dio sus respuestas al descubrimiento, la primera fecha que he visto que muestra que Olathe North Homestead recibió un cheque suyo es del 30 de octubre de 2007. ¿Le parece correcto? R: Probablemente.

P: Obviamente. Pasó algún tiempo desde entonces hasta que recibió el cheque de Roy Gean que depositó en la cuenta suya y de su madre, que ha usado. Entonces, mi pregunta ahora es: ¿qué dinero usó desde el 30 de octubre de 2007 hasta que el producto de este caso llegó a su cuenta?

R: Muchas veces usaba el dinero del alquiler.

P: ¿Dinero del alquiler de los dúplex en Fort Smith? R: Ajá.

P: ¿Y sabe que el 16 de junio de 2010, la Corte Suprema, o el Tribunal de Apelaciones de Arkansas, revocó la decisión del juez Cox y dijo que ese dinero no le pertenecía a Lois, que el juez cometió un error, que ese dinero le pertenecía a Terry? ¿Sabe eso?

R: Sí.

P: ¿Y usted hizo algo el 16 de junio de 2010, o al recibir la notificación de esa decisión, para separar esos fondos, o continuó pagando la atención médica de su madre con esos fondos después de esa fecha?

R: En esa fecha, Roy Gean me recomendó que declarara a mi madre en bancarrota.

P: ¿Y lo hizo?

R: Fui a un par de abogados, como me recomendó Roy, y me quedé impactado. Los abogados me dijeron que no se acepta a nadie a menos que esté en bancarrota o, bueno, enfermo.

P: ¿Se sorprendió porque Roy le dijo que hiciera eso?
R: Sí.

P: Y volviendo a mi pregunta original, supongo que su respuesta es que, cuando recibió la notificación de esta decisión del 16 de junio de 2010 y habló con Roy, ¿no hizo nada en ese momento para retirar el dinero del banco y separarlo? R: No, no. No, no.

(Mis notas: Curiosamente, Linda no se esfuerza por separar el dinero que ahora sabe que no le pertenece. Al principio, también usa el dinero de los alquileres en Fort Smith para pagar los gastos de manutención de su madre. Así es como debería haber sido. Además, el consejo de Roy es sorprendente cuando otros abogados le dicen que no se declara en bancarrota si no se está en bancarrota. ¡Claro!)

El 2 de agosto de 2013, recibimos una Moción de Desestimación de 21 páginas. Esta moción, presentada por Paige Young, abogada de Linda, está repleta de leyes y de información repetida. Sería una locura leerla. Resumiré lo que se alega. Se abordan 16 puntos de derecho, la mayoría de los cuales se basan en la premisa de que la demandada Linda no actuó fraudulentamente ni retuvo fondos obtenidos fraudulentamente. Afirma que, para que el demandante pueda presentar una reclamación conforme al estatuto que establece la creación de un fideicomiso constructivo, debe tener una relación con el demandado o, de lo contrario, debe cometerse fraude. También alega que el demandante fue irresponsable al no haber depositado la fianza de suspensión de pagos, reteniendo el dinero en el tribunal, y que asumió la plena responsabilidad por cualquier pérdida de fondos, ya que nada de esto habría ocurrido si hubiera actuado responsablemente. También se sostiene que la demandante no tiene relación directa con la demandada y, por lo tanto, no puede reclamar fondos que legalmente le pertenecen. Creo que esta moción de 21 páginas, que incluye numerosas citas de leyes y numerosos argumentos legales, tiene como objetivo intimidar, sobre todo. El peso del documento requerirá un esfuerzo enorme para responder. Pienso en lo que Troy tendrá que hacer ahora para responder a todas y cada una de las alegaciones y a todos y cada uno de los puntos de derecho, y lo único que veo es que dentro de unos meses podríamos llegar a un tribunal donde se pueda presentar mi caso. También preveo una gran cantidad de tiempo para los asistentes legales y mi abogado, y preveo que se necesitará mucho más dinero para responder a esto. Me arrepiento de haber decidido desde el principio que este era un caso sencillo y no quería que un abogado se llevara un tercio de la recaudación, así que pagué los honorarios legales por adelantado y financié esta pesadilla "de mi propio bolsillo". Nos estamos acercando a los honorarios pagados a abogados y especialistas, que ascienden a aproximadamente un cuarto del monto original de la fianza. Un honorario de contingencia de un tercio empieza a parecer muy atractivo.

El 14 de octubre de 2013, le escribí un correo electrónico a Troy, ya que el juez Cox había fijado una audiencia. Troy:

Quiero organizar mi viaje para la próxima audiencia del 26 de noviembre y necesito respuestas a las siguientes preguntas:

1. ¿Deberíamos asistir Loretta y yo? Loretta estuvo presente, junto con Lois, cuando Humpy nos dijo cómo deseaba que se distribuyeran los artículos familiares y el dinero de la fianza. Lo único que recuerdo es la conversación de Loretta con Linda después de que se encontrara el error, en la que Linda dijo: "No queremos que el dinero vaya a su familia". Este testimonio está en la transcripción del primer juicio. (Esta declaración reconoce que Linda sabía que la fianza debía ir a mi familia).

2. ¿Deberíamos llegar antes para poder repasar los asuntos que podríamos testificar antes de la audiencia? (En el primer juicio me pillaron desprevenido y no quise repetirlo).

3. Creo que mi testimonio principal se centraría en el hecho de que Linda evadió todas las preguntas de su madre sobre este asunto y nunca, ni una sola vez, pudimos convencer a Linda para hablar de este asunto con Lois. Linda y Roy Gean Jr. se encargaron de todos los asuntos financieros de Lois desde que se supo del error en la cifra de la fianza hasta la fecha.

Troy responde que deberíamos ir ambos el domingo y reunirnos el lunes y el martes si es necesario. No habrá reunión la mañana de la audiencia, que es el miércoles.

Estoy aprendiendo mucho sobre cómo funciona la abogacía. Es un descubrimiento brutal, pero al mismo tiempo es una lección. Hay mucho engaño por parte de los abogados y muchas amenazas para hacerle creer a la oposición: "Si esperas ganar este caso, te va a costar muy caro". Bueno, esto es lo que percibo que está sucediendo ahora en nuestro caso con la abogada de Linda, Paige Young. Si se da el momento oportuno, amenazar con una cantidad enorme de trabajo legal y luego lanzar una advertencia en forma de oferta de acuerdo es una buena estrategia. Le dice al abogado contrario: "Estamos preparados para luchar con uñas y dientes, así que antes de invertir mucho tiempo en sus esfuerzos y costarle mucho dinero a usted o a su cliente, debe considerar nuestra oferta considerando lo que le vamos a hacer pasar. Así que, para ahorrarse el máximo tiempo, ya que aún no ha comenzado a profundizar en esto, le sugerimos que considere seriamente nuestra oferta ahora".

Regresaba de visitar a mi familia en las Colinas Negras, de camino a Montana, conduciendo por el este de Wyoming, cuando Troy me llamó. "Hemos recibido una oferta de Linda para llegar a un acuerdo". Bueno, los jueces a menudo convencen a las partes para que lleguen a un acuerdo antes de ir a juicio, en un último intento por ahorrarle gastos y dinero al tribunal. No sé cómo se gestionó esto, pero Troy habló con Paige y le dijo que tenemos una oferta de 40.000 dólares. Continuó diciendo que le parecía una buena oferta y que deberíamos considerarla seriamente. Me cuesta asimilar esto. La manecilla está en el diez y el reloj da las 12. Le dije a Troy que esto es ciento ochenta desde donde estábamos. La última vez hablábamos de sacarle todo el dinero a Linda y dejar que ella recuperara los fondos, que en realidad Linda devolvió a Roy por sus servicios. Ella tiene el dinero en forma de propiedades que heredó de su madre. Todos los activos tangibles que Linda obtuvo de su madre ahora son de ella, y el poco dinero que Linda puede reunir, que Lois aún conservaba o al que Linda puede acceder, me lo ofrece a mí para mi familia (unos míseros 38 centavos por dólar). Eso sin contar los intereses que deberían pagarse por el dinero. Le pregunto a Troy qué lo ha hecho cambiar de opinión. Dice que teme que no reciba nada. ¿Qué? Me cuesta conciliar esto con lo que sé y el esfuerzo que he hecho. Troy dice que teme que nuestro juez de primera instancia, Cox, haya fallado en nuestra contra en cada paso del proceso y que seguirá haciéndolo. Es una afirmación muy cierta y me estremece. Siempre pensé que los jueces eran "honestos" y buscaban la verdad. Antes no había considerado que el juez Cox pudiera ser vengativo y fallara en mi contra solo porque había apelado una decisión y el Tribunal de Apelaciones la anuló. Todavía no había ninguna prueba que pudiera ser el caso. ¿Se reunió Troy con el juez y el abogado de Linda y supo algo que yo desconocía? Debería haberle preguntado a Troy, pero dudo que pudiera o quisiera decir mucho más. Incluso si le hubiera preguntado, estoy seguro de que no habría ninguna prueba de que el juez estuviera amenazando con algo. Los jueces presionan a los abogados para llegar a un acuerdo, y eso podría ser lo que estaba sucediendo.

De repente, me harté de todo el caso. Había luchado con esto durante años, sabiendo que tenía razón. Tenía toda la razón: Humpy me había dicho en persona lo que quería que se hiciera con la fianza. Lois estaba con nosotros y también conocía de primera mano sus deseos. Ahora, aquí estábamos, seis años después, y mi mente está destrozada en cuanto a qué era correcto, cuál era la verdad. Le dije a Troy que tendría que pensarlo y volver a llamarlo.

Después de regresar a mi casa en Montana, seguía sin poder tomar una decisión. Por supuesto, no había pensado en nada más durante el viaje de regreso. A menudo me pregunto si no son cosas como esta las que distraen a los conductores y causan accidentes horribles. Sin duda, le di tantas vueltas a la idea de que, en efecto, era un conductor distraído. Debería haber dejado que mi esposa condujera, pero como el imbécil que a veces puedo ser, decidí seguir conduciendo.

El 17 de noviembre, le escribí un correo electrónico a Troy. Troy:

He estado revisando los expedientes de nuestro caso todo el día y, francamente, estoy decepcionado con la oferta que recibimos de Linda. De hecho, creo que es un insulto a la inteligencia. Así es como veo el caso en este momento y quiero que prepares un caso sólido para mi familia.

1. El juez Cox dictaminó que Linda y, en ese momento, Roy Gean Jr., deben devolver la cantidad que recibieron con un interés del 5,75 %. Basado en el cheque de $208,830 de Summit, esa cantidad ahora sería de aproximadamente $267,000.
2. El juez Cox también dictaminó que teníamos derecho a los honorarios legales de la apelación.
3. El juez Cox no se pronunció al respecto, pero creo que también deberíamos recibir el reembolso de los hon-

orarios legales tras la apelación, así como el reembolso de los gastos de viaje y otros gastos para continuar esta interminable batalla legal.

En resumen, Linda debería reembolsar todos estos costos y, si tiene una demanda contra Roy Gean, debería ir a por ello. Creo que su caso es muy sólido y debería poder recuperar la mayor parte de su dinero. Dado que Roy era obviamente un estafador, espero que pudiera recuperarlo todo. Pero claro, también intentaba apropiarse de algo que, para empezar, no era suyo.

¿Hay algo que se me escapa? Me molesta un poco lo que ha sucedido con los deseos de mi tío. Lois conocía estos deseos y vio la manera de obtener un poco más de dinero de su patrimonio y, junto con su hija y Roy, se lo apropió. De hecho, Linda podría ser la principal responsable. La semana pasada falleció el esposo de una de mis hermanas, y el aprecio que mi tío Humpy habría recibido al saber que su donación fue realmente beneficiosa y se completó como él lo había planeado se ha perdido en gran medida. En los últimos siete años desde el fallecimiento de Humpy, todos hemos envejecido mucho y ya no podemos apreciar plenamente lo que su donación podría significar para nosotros. Quiero que el juez lo sepa. Espero que podamos poner fin a estas continuas maniobras legales. Creo que el juez Cox tiene la facultad de, al menos, acelerar las cosas, no dando tanto tiempo a cada paso y no soportando retrasos constantes. No he leído nada en los archivos sobre cuál es, en realidad, su defensa. Solo puedo suponer que ya han gastado el dinero. ¿Es esa una defensa válida?

Bueno, tuve que desahogarme un poco. Sé que usted también ha estado muy frustrado con este caso y las decisiones del juez Cox.

—Terry

Estoy irritado con el caso, con mi abogado y conmigo mismo por haber estropeado todo el asunto. Finalmente, he llegado a la conclusión de que aceptaré un acuerdo por no menos de $60,000. No soporto la idea de recompensar a Lois y a su abogado, Roy, por haber tomado indebidamente la fianza de nuestra familia. Linda es simplemente una oportunista y ama el dinero más que a su madre. Hay muchas familias que tratan a sus padres de la misma manera. Llamo a Troy y le digo que no estoy contento, pero que aceptaré un acuerdo de $60,000, nada menos. Troy cree que podrían aceptarlo; después de haber hablado con Paige para llegar hasta aquí, considera que es la oferta más alta que aceptarán. De todos modos, digo lo mismo: es mi decisión, y no quiero ni aceptaré una contraoferta por menos, punto.

Troy responde a mi correo electrónico el 19 de noviembre de 2013. Terry:

He estado trabajando mucho en tu caso estos últimos dos días. Me preocupa que confíe demasiado en nuestras posibilidades de victoria en el tribunal. Espero que no sea culpa mía por no haber sido claro en mis escritos y demás. Intentaré explicarlo con claridad. Mantengo mi consejo: si logramos que Linda pague $60,000 y además consigamos su ayuda para luchar contra Roy, debería llegar a un acuerdo con ella.

Hay una diferencia entre un caso de equidad y uno legal. La última vez que fuimos a juicio, se trató de un caso de equidad. Para que lo entiendan, he ideado una analogía. Un caso de equidad es similar a preparar una sopa de verduras. No hay una receta que deba seguirse estrictamente. Si no se tienen tomates guisados, se pueden usar tomates en cubos y probablemente funcione. Si no se tienen guisantes, se podrían usar frijoles que serían un sustituto suficiente. Siempre que la sopa tenga un sabor similar al de una sopa de verduras, puede ser un éxito. A eso nos enfrentamos en el último caso.

Tuvimos que demostrar, desde la perspectiva de la equidad general, que se cometió algún error y que lo más justo era dictar sentencia a favor de Terry. Esta vez se trata de un estándar legal. Esto significa que no se aplican las reglas generales de equidad, sino una ley muy específica. Piense en esa ley como si fuera una receta para hacer un suflé de chocolate. Incluso si el juez considera que lo más justo, dado todo lo sucedido, es dictar sentencia contra Linda contra Terry, podríamos perder si no se cumple un solo elemento de la ley. Es como si no le pusieran levadura en polvo a un suflé. Si falta un solo ingrediente, el suflé será un fracaso total, incluso si todos los demás están presentes.

(No sé adónde nos lleva esto, ¡pero no lo sigo ahora mismo!)

La ley bajo la que demandamos se llama Ley de Transferencias Fraudulentas.

Para ganar bajo esta ley, debemos probar que Lois tenía la intención de defraudar a Terry o que sabía que no podría pagar sus deudas en el momento en que el dinero entró en la cuenta de Linda. Un problema importante al que nos enfrentamos es que no tenemos ninguna prueba de que Lois estuviera en plenas facultades en ese momento. Por lo tanto, no pudo tener ninguna intención. No nos basta con decir: "No creemos que estuviera tan enferma" o "No pueden probar que el dinero fue a parar allí". Tenemos que presentar las pruebas. Y no puedo citar a sus médicos ni siquiera a su historial médico para el juicio, porque mi facultad de citación no se extiende más allá del estado de Arkansas. Este es el elemento del estatuto que más me preocupa.

La siguiente parte del estatuto nos exige demostrar que Linda no ofreció una "consideración justa" por el dinero. Linda testifica que utilizó el 100% del dinero para pagar las facturas de la residencia de Lois y el juez le cree; en ese caso, podría desestimar el caso y yo no podría hacer nada al respecto en la apelación.

Recuerden, lo máximo que podemos obtener de Linda por una sentencia son unos 110.000 dólares. No podemos obtener una sentencia por los más de 208.000 dólares porque Roy se llevó gran parte del dinero. Creo que la estrategia inteligente aquí es tomar los 60.000 dólares de Linda y también obtener una declaración jurada suya para usarla contra Roy Gean. Si no contamos con la cooperación de Linda contra Roy en un futuro juicio, no podemos obligarla a venir a Arkansas a testificar contra Roy (ya que vive fuera del estado). Y podríamos perder el caso contra Roy por estos mismos problemas con las pruebas en cuanto a elementos específicos del estatuto que he descrito en este mensaje. Mientras tanto, si Linda coopera con nosotros, puedo lograr que esta semana firme una declaración jurada y una sentencia en este caso. Esto no solo satisfará nuestra carga de la prueba para un futuro juicio contra Roy, sino que también mejorará nuestras posibilidades de apelación con Roy para que podamos volver a presentarlo ante el tribunal. (El juez Cox acaba de concederle a Roy su solicitud de juicio sumario y hemos presentado una moción para que lo reconsidere). Yo acordaría el acuerdo de tal manera que, si Linda incumple su promesa y no coopera, obtendríamos una sentencia en su contra por la cantidad total por la que la hemos demandado. Esto aseguraría que testifique contra Roy en un futuro juicio.

También debe comprender que su declaración en su mensaje es errónea, ya que dice que el juez ya ha "ordenado" a Linda y Roy que le paguen el dinero. No lo hizo. Ordenó a los herederos de Lois que le pagaran el dinero. Y Lois murió en la indigencia. Esa es una gran diferencia. Solo tenemos una sentencia contra una mujer fallecida sin bienes. Estamos intentando una maniobra muy compleja para que esa sentencia se aplique contra su hija. Hay muchos más casos perdidos que ganados. También hay que ver lo que está por venir. Durante los últimos seis años, el juez Cox ha fallado en nuestra contra en cada oportunidad. Solo el Tribunal de Apelaciones nos ha dado un alivio real. Les explico en este mensaje que si falla en nuestra contra basándose en los tecnicismos del estatuto, no creo que pueda ganar una apelación contra Linda.

(Mis notas: Ahora puedo comprender esto completamente; no necesito extrañar el polvo de hornear y aún así entender esto: el juez Cox no ha sido un defensor, al contrario, ha fallado en mi contra todo el tiempo. Él cree que estaba en lo correcto cuando interpretó la ley inicialmente y no ha cambiado de opinión a pesar de que el tribunal de apelaciones dijo que estaba equivocado. El caso era simple, se cometió un error, el juez lo complicó).

No podemos recuperar nuestros honorarios legales de la apelación en este caso. Puedo explicar por qué, pero no es posible. Lo mismo ocurre con los honorarios legales del caso subyacente. Tampoco podemos mencionar el tiempo que lleva sin dinero y su edad avanzada. Las reglas de prueba no permiten esas cosas.

(Mis notas: ¿No lo entiendo? Si un tribunal falla a su favor y le otorga honorarios legales e intereses que datan de la fecha en que se le entregó el dinero indebidamente a esa persona, ¿no sigue debiendo el patrimonio de esa persona el dinero? Si alguien fallece, ¿se cancelan estas deudas?)

Por favor, Terry, entiende que he vivido este caso contigo durante los últimos seis años. Gano menos dinero si llegas a un acuerdo con Linda porque no me pagan por ir a juicio. No te lo recomendaría si no estuviera convencido de que es lo mejor para ti. Cuando voy a mi oncólogo, siempre lo escucho, independientemente de lo que mi instinto me diga. Él es el profesional. Es el que no se involucra con las emociones. Lo que estás enfrentando aquí no es el papel que mi médico en Houston desempeña para mí. Hago este tipo de cosas todos los días, así que no estoy tan apegado emocionalmente como tú. Así que probablemente tengo la mente más despejada.

(Troy es honesto al respecto y me da que pensar. Él es el profesional y necesito escucharlo).

Hemos dicho "no" con firmeza a los $40,000. Creo que la oferta de $60,000 es un acuerdo justo. Ahorrarás entre $4,000 y

$5,000 adicionales que si el caso va a juicio. Si no desea llegar a un acuerdo, por supuesto que llevaré esto a juicio y lo presentaré como si fuera el caso más sólido del mundo. No dejaré que mis dudas se manifiesten en el tribunal. Pero siento que le debo mi asesoramiento más completo antes de que tome una decisión final.

(Me someto a los hechos presentados).

— Troy

El 23 de enero de 2014, el Juez Cox dictó la Orden y Sentencia Definitiva en el caso CV-2012-34.

IN THE CIRCUIT COURT OF SEBASTIAN COUNTY, ARKANSAS
FORT SMITH DISTRICT
CIVIL DIVISION

TERRY DRUYVESTEIN   **PLAINTIFF**

VS.   **CASE NO. CV-2012-34 (VI)**

LINDA VAN DIVNER   **DEFENDANT**

FINAL ORDER AND JUDGMENT

COMES ON NOW for hearing the Plaintiff's Complaint against the Defendant for a Judgment under the Fraudulent Transfers Act and based upon the agreement of the parties and the Pleadings and Briefs before the Court the does find as follows:

1.   The Court has jurisdiction over this matter and venue is proper.

2.   The Plaintiff to this action was a creditor of an individual now deceased knows as Lois Druyvestein. He became a creditor of Lois Druyvestein as the result of funds that were held by an entity known as Summit Brokerage which were improperly paid over to Lois Druyvestein when they should have been paid to Terry Druyvestein. The Circuit Court of Sebastian County ultimately entered a Judgment in favor of Terry Druyvestein for this sum in Case No. CV-2007-1383.

3.   Lois Druyvestein, either through her herself or through her duly appointed power of attorney Ms. Linda Van Divner, transferred the funds in question to Mr. Roy Gean Jr. and to Ms. Linda Van Divner. Ms. Linda Van Divner received the sum of

$105,625.72. Mr. Roy Gean received the sum of $103,205.00. This Court has previously granted a Motion for Summary Judgment filed on behalf of Mr. Roy Gean. Plaintiff's Motion to reconsider is denied.

4.   Ms. Lois Druyvestein made the transfer to Ms. Linda Van Divner without receiving reasonably equivalent value in exchange for the transfer and Ms. Lois Druyvestein believed or reasonably should have believed that she was incurring debts beyond her ability to pay as they became due. Specifically, Ms. Lois Druyvestein had entered into a long term care facility and had medical bills which would make it impossible for her to pay her debts as they became due.

5.   Terry Druyvestein was damaged by the transfer of funds to Linda Van Divner in the amount of at least $60,000. Ms. Linda Van Divner is hereby ordered by this Court to pay over the sum of $60,000 within 180 days of the date of this Order. Terry Druyvestein is granted a Judgment in that sum to bare no interest so long as said Judgment is satisfied with 180 days. Terry Druyvestein is ordered to file a Satisfaction of Judgment immediately upon his receipt of such funds.

IT IS SO ORDERED.

____
Honorable James O. Cox   11-26-13
Circuit Judge

____
Troy Gaston, Attorney for Plaintiff

____
Linda Van Divner, First Defendant

Creo que lo mejor fue llegar a un acuerdo con Linda. Leí la Sentencia Definitiva y veo que el juez la favorece al darle 180 días, medio año, para realizar el pago sin intereses. También me sorprende que el juez aproveche esta oportunidad para desairarnos al no reconsiderar su decisión de exonerar completamente a Roy Gean con su decisión a favor de un juicio sumario.

Como dicen, "no se acaba hasta que se acaba". Este no es el capítulo final para Roy Gean Jr., abogado de Lois.

*Si desea consultar la Orden que concede la Moción de Juicio Sumario completa (con fecha del 29 de mayo de 2013), escanee este **código QR**.

CAPÍTULO TRECE

El caso de Roy.

Así que, el juez Cox no reconsideró su aprobación de la moción de sentencia sumaria de Roy Gean Jr. Este juez, sin duda, no ha sido mi amigo. Este caso se ha prolongado durante casi seis años, principalmente gracias al juez Cox, y todos están hartos. Así que, en lo que respecta al juez Cox, se acabó. Aprobó el acuerdo con Linda y liberó a Roy Gean Jr. de cualquier responsabilidad por robar, básicamente, 103.000 dólares, más o menos. Solo puedo creer que el juez se basó en tecnicismos legales, pero si ese es el caso, ¿cómo puede fallar tan descaradamente como lo hizo? ¿Sobre qué fundamentos legales se podría exonerar a Roy? El juez Cox los encontró en el caso de Roy, así que supongo que era mejor llegar a un acuerdo con Linda, ya que, me temo, él también habría desestimado ese caso si no hubiéramos llegado a un acuerdo. Así que ahora debemos apelar la decisión del juez Cox de nuevo. Así que eso es lo que hacemos. Troy dice que el caso contra Roy probablemente durará dos años. Troy prefiere contratar a un abogado llamado Brett D. Watson, cuya principal especialidad son las apelaciones. No tengo ni idea de si esto es necesario; sin embargo, reconozco que Troy está demasiado ocupado o es perseguido por su trabajo en mi nombre. No sé cuántas veces se puede revocar una decisión de un juez y seguir trabajando eficazmente en su tribunal. Sé que Roy y probablemente su hijo van al mismo gimnasio que Troy para hacer ejercicio. Troy ha mencionado que ha visto a Roy "en el gimnasio" y que no tiene muy buena pinta. Sería horrible pensar que Roy falleciera y cambiara por completo el panorama legal. En cualquier caso, creo que Roy, como abogado, por muy timador que parezca, tiene el dinero para reembolsarnos si conseguimos que el Tribunal de Apelaciones de Arkansas falle a nuestro favor. Troy ha dicho que Roy es bastante rico. Así pues, el 30 de abril de 2014, el Sr. Watson presentó nuestros documentos ante el Tribunal de Apelaciones. Les presento algunos de sus argumentos.

EXPOSICIÓN DE LA CAUSA

Se trata de un caso de transferencia fraudulenta en el que el tribunal de circuito concedió una sentencia sumaria a pesar de que la parte solicitante no presentó ninguna prueba que lo respaldara. A continuación, se presentan los antecedentes: H. J. "Humpy" Druyvesteyn falleció y dejó a su sobrino, Terry Druyvestein, una cuenta a nombre de su sobrino, Terry Druyvestein. Su esposa, Lois, alegó que Humpy le había dejado la cuenta. Tras fallar este tribunal a favor de Terry, el tribunal de circuito dictó sentencia contra Lois por el importe de la cuenta, más de 200.000 dólares.

Sin embargo, cuando llegó el momento de cobrar la sentencia, el dinero había desaparecido. Summit Brokerage Services, titular de la cuenta, había emitido un cheque a nombre de Lois y se lo había enviado a su abogado, Roy Gean Jr. Gean regresó a Arkansas, se quedó con 103.205 dólares y envió los 105.625,72 dólares restantes a la hija de Lois, Linda Van Divner, quien actuó en su nombre durante el litigio anterior. Dado que el dinero que Gean se quedó supuestamente era para honorarios de abogados, Van Divner solicitó una declaración de los servicios prestados, la cual no presentó.

Así pues, Terry presentó una demanda alegando que la transferencia a Gean y Van Divner era fraudulenta según el Código de Arkansas Ann. 4-59-201 a -212 (Ley de Transferencias Fraudulentas), solicitando un fideicomiso constructivo y buscando recuperar el importe total de la sentencia. Los honorarios de Gean fueron seis veces superiores a los que se le cobraron a Terry por el mismo caso, e incluso Van Divner testificó que los honorarios de Gean no se basaban en el valor de los servicios prestados.

Gean admitió haber conservado los $103,205, pero argumentó en su moción de juicio sumario que el dinero se basaba en un acuerdo de honorarios de abogado que tenía con Lois. No especificó los términos del acuerdo ni adjuntó a su moción declaraciones juradas, documentos ni siquiera el supuesto acuerdo para respaldar su argumento. No obstante, el tribunal de circuito otorgó el juicio sumario a favor de Gean. El fundamento de la orden fue la afirmación infundada de Gean sobre su acuerdo con Lois y el trabajo que supuestamente realizó.

Terry solicitó al tribunal que reconsiderara su decisión, porque la moción de Gean y la orden carecían de fundamento y eran incorrectas desde el punto de vista legal. Terry demostró que, si el tribunal hubiera considerado las pruebas, habría constatado que la transferencia a Gean no correspondía al valor recibido. Por ejemplo, Van Divner testificó sobre el estado de cuenta que Gean presentó tardíamente después de que esta demanda comenzara a justificar sus honorarios. Las horas eran excesivamente excesivas. Por ejemplo, Gean facturó:

1. 24 horas el 24 de octubre de 2007, 18 de las cuales supuestamente se dedicaron a revisar la denuncia.

2. 46 horas el 3 de marzo de 2009, incluyendo nueve horas de llamadas telefónicas a Van Divner, que, según ella, nunca ocurrieron. Van Divner testificó que nunca habló con Gean durante más de 15 minutos.

3.   66 horas facturadas el 1 de abril de 2009.

4.   25 horas facturadas el 26 de abril de 2009.

5.   36 horas el 2 de julio de 2009, incluyendo una llamada telefónica de dos horas "a la Corte Suprema sobre la presentación de un escrito" y tres horas para enviar una carta por fax.

6.   Varias horas para revisar cartas del abogado de Druyvestein: tres horas el 19 de marzo de 2007; dos horas el 29 de marzo de 2007; Tres horas el 2 de mayo de 2007; dos horas el 4 de mayo de 2007; tres horas el 27 de noviembre de 2007; tres horas el 29 de junio de 2009; dos horas más el 29 de junio de 2009, y así sucesivamente.

7.   Se le cobró por la revisión de documentos el 3 de marzo de 2009, que Terry ni siquiera presentó hasta más de un mes después, el 6 de abril de 2009.

Estos son solo ejemplos. Lea el estado de cuenta completo para comprender completamente el alcance del exceso. A pesar de que Gean no justificó su moción de juicio sumario, el tribunal denegó la moción de Terry de reconsiderar.

El caso procedió sin Gean y se dictó sentencia contra Van Divner. Terry presentó entonces una notificación oportuna apelando la sentencia dictada a favor de Gean.

ARGUMENTO

La cuestión es si un tribunal puede conceder un juicio sumario cuando la parte solicitante no ofrece pruebas sobre hechos clave. La respuesta es que un tribunal no puede. Pero eso es lo que hizo el tribunal de circuito en este caso.

El apelante Terry Druyvestein obtuvo una sentencia contra Lois Druyvesteyn. Cuando llegó el momento de cobrar, Lois no tenía el dinero. Summit Brokerage Services, que tenía el dinero, había emitido un cheque a nombre de Lois. Gean condujo hasta Kansas, hizo que Lois endosara el cheque, se quedó con aproximadamente la mitad y envió la otra mitad a Linda Van Divner, hija de Lois. Terry presentó esta demanda para recuperar el dinero bajo la Ley de Transferencias Fraudulentas y solicitó un fideicomiso constructivo.

El artículo 56(c) (1) de Arkansas exige que la parte que solicita un juicio sumario fundamente su petición con pruebas en forma de declaraciones juradas u otros documentos. Pero cuando Gean solicitó un juicio sumario, no ofreció nada que respaldara su argumento de que se le debían $103,205 en virtud de un acuerdo con Lois, ni que siquiera hubiera tenido un acuerdo con ella. (Dado que varias personas comparten el mismo apellido, usaré su nombre para identificarlas). Por lo tanto, el tribunal de circuito no tenía fundamento para determinar que Lois le pagó a Gean por sus servicios en virtud de un acuerdo, ni que la cantidad que pagó reflejaba su comprensión del valor de sus servicios. En lugar de conceder la moción de Gean, el tribunal debería haberla denegado debido a que Gean no cumplió con su carga de la prueba. Este tribunal debería revocar el fallo y devolverlo.

1. Debido a que Roy Gean Jr. no respaldó con pruebas las afirmaciones fácticas de su moción de juicio sumario, no cumplió con su carga de prueba y el juicio sumario fue improcedente.

El tribunal de circuito indicó en su orden que revisó los anexos a la moción, pero no había anexos que revisar. Esto es, cuanto menos, ambiguo. Se trata de conclusiones increíbles considerando que Gean no presentó ni un contrato ni testimonio sobre un contrato. Gean argumenta que su "contrato de servicios legales" con Lois impide a Terry impugnar la razonabilidad de los honorarios pagados a Lois, pero no presenta dicho documento escrito.

¿Cómo concluyó entonces el tribunal de circuito que Lois y Gean tenían un acuerdo? ¿Cómo supo que el dinero que Gean se quedó reflejaba su entendimiento sobre el valor de los servicios? No fue porque Gean presentara ninguna prueba con su moción de juicio sumario. No lo hizo: ni declaración jurada, ni respuestas a la prueba, ni transcripción de la declaración, ni nada que respaldara la cuestión clave: ¿el dinero que Gean se quedó reflejaba un valor razonablemente equivalente? El hecho de que Gean no haya fundamentado su moción de sentencia sumaria con pruebas es la única base para revocar y devolver el caso. Este Tribunal no necesita profundizar más.

Aunque no es necesario profundizar más para revocar la moción, los demás documentos de este caso son reveladores. La razón por la que Gean no adjuntó nada a su moción es que su facturación era descabellada.

(Esta sección se refiere a las horas enumeradas en la EXPOSICIÓN DE LA CAUSA y no la reproduciré aquí).

La declaración de Gean está repleta de facturación excesiva. Cosas que normalmente tomarían unos minutos se facturaron por horas. De hecho, nada en la factura completa de ocho páginas tomó menos de dos horas, y todo se facturó en incrementos de una hora.

Además de la facturación excesiva, la declaración de Van Divner demostró que no hubo acuerdo con Gean. Al comienzo del caso anterior, Van Divner le preguntó a Gean cuánto se debía, y este le respondió: "Oh, no se preocupe". Tras ganar el primer caso (antes de perder la apelación), Van Divner volvió a preguntarle cuánto debía. Esta vez, él respondió: "Oh, es mucho". No hubo acuerdo de honorarios de contingencia. Solo después de presentar esta demanda, Gean proporcionó algún registro de facturación. Van Divner testificó que Gean facturó de más y que facturó más tiempo del que realmente dedicó al caso. En resumen, Gean no respaldó las alegaciones fácticas en su moción de sentencia sumaria. Esta omisión fue fatal. La concesión de la moción por parte del tribunal de circuito fue inapropiada y debería revocarse.

2. La Ley de Transferencias Fraudulentas no depende de si Terry Druyvestein tenía una relación directa con Roy Gean Jr.

El hecho de que Gean no haya fundamentado su moción de sentencia sumaria es motivo suficiente para revocarla. Sin embargo, si el Tribunal profundiza más, encontrará más errores. Por ejemplo, el tribunal de circuito se negó a aplicar la Ley de Transferencias Fraudulentas porque Terry no tenía una "relación directa" con Gean. Sin embargo, la Ley no exige que el demandante tenga una relación directa con el demandado. Ark. Code Ann. 4-59-201 a 212. De hecho, en casi todos los casos, se dará lo contrario: el demandante y el demandado no tendrán una relación directa. Esto se debe a que el demandante, un acreedor, persigue a un demandado que recibió algo de su deudor. Si bien el acreedor suele tener una relación con el deudor, por lo general no la tendrá con el demandado a quien el deudor transfirió el dinero. No obstante, el tribunal de circuito concluyó que, dado que Terry no tenía una relación directa con Gean, «no existe una teoría jurídica viable que permita a Terry recuperar el dinero pagado a Gean por Lois». Bajo este razonamiento, el demandado solo tiene que argumentar que él y el demandante no tienen una relación directa. El resultado es que la Ley queda invalidada. Ni el texto de la Ley ni la jurisprudencia respaldan la conclusión del tribunal de circuito. Por lo tanto, la divagación del tribunal de circuito sobre si Terry tenía una relación directa con Gean es irrelevante.

3. Los fideicomisos constructivos no se limitan a situaciones que involucran fraude o relaciones confidenciales.

El tribunal de circuito concluyó que «ciertamente, no existe fraude» que justifique un fideicomiso constructivo. Esta conclusión es dudosa considerando la falta de pruebas y la incapacidad del tribunal para explicar por qué estaba tan «seguro» de que no había fraude. Pero incluso si existiera respaldo para esa conclusión, el tribunal concluyó incorrectamente que el fraude o una relación confidencial son un requisito previo para un fideicomiso constructivo. Este Tribunal ha identificado muchas otras situaciones que pueden dar lugar a un fideicomiso constructivo: coacción, influencia indebida, error, incumplimiento del deber fiduciario y disposición ilícita de la propiedad de otro.

De hecho, Terry solicitó un fideicomiso constructivo en el caso anterior contra Lois. Este mismo Tribunal determinó que un error, en ausencia de fraude o una relación confidencial, es suficiente para constituir un fideicomiso constructivo. Por lo tanto, el tribunal de circuito y su fallo sobre fideicomisos constructivos deben revocarse.

4. **Terry Druyvestein no tuvo que depositar una fianza de suspensión antes de una apelación previa en un caso separado contra Lois Druyvesteyn para preservar una reclamación por transferencia fraudulenta contra Roy Gean Jr. en este caso.**

El tribunal de circuito se desvió innecesariamente hacia las fianzas de suspensión, al determinar que, dado que Terry no presentó una fianza en la apelación anterior (un caso diferente contra una demandada distinta, Lois), asumía el riesgo de que Lois perdiera el dinero si ganaba la apelación. Este razonamiento refleja un malentendido fundamental sobre el propósito de las fianzas de suspensión.

Las fianzas de suspensión protegen las sentencias monetarias ganadoras de los demandantes mientras el demandado apela; No tienen nada que ver con la pérdida de los demandantes que apelan.

Más específicamente, si una parte contra la que se dicta una sentencia pecuniaria presenta una fianza y se dicta una suspensión, la sentencia no puede ejecutarse en su contra mientras se resuelve la apelación. No tiene nada que ver con que un demandante que no prospere proteja su derecho a recuperar dinero si gana la apelación. El texto de las normas sobre fianzas lo demuestra: "La fianza se establecerá en el sentido de que el apelante pagará al apelado todas las costas y daños que se le impongan en la apelación; o si el apelante no lleva adelante la apelación hasta su conclusión definitiva, o si dicha apelación se desestima por cualquier causa, el apelante deberá cumplir y ejecutar la sentencia, decreto u orden del tribunal de circuito".

Cuando Terry apeló el caso anterior, había sido el demandante perdedor. No hubo sentencia que otorgara medidas monetarias ni medidas cautelares. ¿Por qué depositaría una fianza declarando que pagaría a Lois si ganaba la apelación? No lo haría. Ella le debería dinero, lo cual, como se demostró, era cierto. El tribunal de circuito no solo se equivocó sobre las fianzas de suspensión como cuestión de derecho, sino que su incursión en ellas fue irrelevante. El primer caso de Terry fue contra Lois Druyvesteyn, no contra Van Divner y Gean. Este es un caso diferente, con diferentes demandados y diferentes causas de acción. Por lo tanto, incluso si Terry tuvo que presentar una fianza de suspensión en el caso anterior para proteger su sentencia contra Lois, esto no influye en si Gean debe pagarle a Terry en este caso el dinero que recibió fraudulentamente de Lois.

CONCLUSIÓN

El punto principal de esta apelación es que Gean no justificó su moción de juicio sumario con pruebas. Sin declaraciones juradas, sin anexos, sin contrato abogado-cliente, nada. Ese debería haber sido el final de la cuestión para el tribunal de circuito. Debería haber denegado la moción. En cambio, el tribunal aceptó las alegaciones infundadas de Gean. Eso por sí solo es suficiente para revocar el fallo.

Aunque es necesario que lo abordemos porque el tribunal de circuito las planteó, las demás cuestiones en la orden de sentencia sumaria del tribunal son distracciones. Más que nada, demuestran hasta qué punto llegó el tribunal de circuito para fallar a favor de Gean. Este Tribunal debería revocar la orden que otorgó sentencia sumaria a Gean y remitir el caso para procedimientos posteriores.

¡Guau! Este tipo ha dado en el clavo. Entiende lo que ha sucedido. La apelación critica mucho al juez de nuestro caso. Me gusta especialmente el resumen donde afirma: "Más que nada, muestran hasta dónde llegó el tribunal de circuito para fallar a favor de Gean". ¿Por qué el juez Cox del tribunal de circuito hizo esto? ¿Tenía debilidad por un amigo abogado de Ft. Smith? ¿Sentía empatía por un antiguo abogado y miembro del club que había empezado a decaer física y mentalmente, y ese abogado significa más para él que un tipo de fuera del estado, lejos, en Montana, donde nunca tiene que tratar con él directamente? Supongo que nunca lo sabré. Lo único que sé es que ha fallado en mi contra desde el principio y no estoy del todo seguro, incluso con estos argumentos convincentes, de que no me complique las cosas en el futuro.

El 7 de mayo de 2014, le escribí un correo electrónico a Troy.

Troy:

Leí la apelación preparada por el Sr. Watson y debo decir que me impresionó. Claro que no sé nada sobre cómo deben manejarse estos casos, pero sí sé lo que sucedió en el caso y veo que es evidente que el Sr. Watson lo comprendió en su totalidad y lo explicó muy bien en la apelación. Al menos no veo cómo podemos perder en la apelación. Volver ante el juez Cox es otra historia. ¿Debería haber algo en la ley que impida a un juez fallar en un asunto relacionado por tercera vez?

¿Linda ha hecho algún esfuerzo por cumplir con su acuerdo?

El 7 de mayo, Troy responde.

Terry:

Estoy de acuerdo. Me impresionó mucho el informe. Una de las razones por las que elegí al Sr. Watson para que nos ayudara con este asunto es que se ocupa casi exclusivamente de la palabra escrita, a diferencia de la palabra hablada, que es lo que yo manejo más a diario. Sospecho que el juez Cox ha leído ese informe y desearía haber fallado de otra manera. No, me preocupa tanto como a usted volver a comparecer ante el juez Cox. Creo que la Corte Suprema le dará instrucciones muy claras sobre qué hacer.

La semana pasada, Paige Young me dijo que Linda nos iba a pagar en dos semanas. De lo contrario, presentaré una ejecución hipotecaria.

El 22 de octubre de 2014, el Tribunal de Apelaciones de Arkansas dictó sentencia sobre nuestro caso.

Cite as 2014 Ark. App. 559

ARKANSAS COURT OF APPEALS

DIVISION II
No. CV-14-270

TERRY DRUYVESTEIN	APPELLANT	Opinion Delivered October 22, 2014
V.		APPEAL FROM THE SEBASTIAN COUNTY CIRCUIT COURT, FORT SMITH DISTRICT [NO. CV-2012-34]
ROY GEAN, JR.	APPELLEE	HONORABLE JAMES O. COX, JUDGE
		REVERSED AND REMANDED

RITA W. GRUBER, Judge

Appellant Terry Druyvestein appeals from an order of the Sebastian County Circuit Court granting summary judgment to appellee Roy Gean, Jr. Appellant filed a complaint against appellee alleging fraudulent transfer and also requesting the court to impose a constructive trust on certain funds held by appellee that were acquired from Lois Druyvestein. We hold that there were genuine issues of material fact to be decided on both claims; accordingly, we reverse the circuit court's order and remand for further proceedings.

Cite as 2014 Ark. App. 559

WALMSLEY and HARRISON, JJ., agree.

Brett D. Watson, Attorney at Law, PLLC, by: Brett D. Watson, for appellant.

Gean, Gean & Gean, by: Roy Gean, III, for appellee.

*If you wish to review the full Court of Appeals document, please scan the QR code.

El 27 de octubre de 2014, Troy le escribe a Roy Gean III, abogado e hijo de Roy Gean Jr.

Estimado Roy:

Hoy recibí una llamada telefónica de Brett Watson, abogado de Terry Druyvestein. El Sr. Watson me notificó que el Tribunal de Apelaciones de Arkansas revocó la decisión del juez Cox y remitió el caso al tribunal de primera instancia. Al parecer, la única cuestión que encontraron pendiente es si Roy Jr. aportó un valor equivalente a cambio de la suma que recibió por honorarios de abogado. En otras palabras, según entiendo de ese fallo, si el Sr. Druyvestein puede demostrar en el juicio que no se incurrió en honorarios por $103,295, tendrá derecho a una sentencia por la diferencia entre el valor aportado y la cantidad recibida. Le dije al Sr. Watson que, antes de que el Sr. Druyvestein tome una decisión sobre cómo proceder con este caso, me gustaría tener la oportunidad de comunicarme con usted. Desde el principio de este caso, lamento haber tenido que adoptar una postura adversa a la de su padre. Siempre ha sido muy amable y atento conmigo. Pero, al mismo tiempo, siento que me puso en una situación muy incómoda, ya que tenía un dilema ético sobre si debía informar a un cliente que, según mi opinión, otro abogado había facturado de más. Si no le hubiera notificado al Sr. Druyvestein, creo que podría haber presentado una demanda contra mí, así como una posible violación ética por mi parte, por no haber representado a mi cliente debido a mi relación preexistente con su padre.

Tal vez recuerde que al inicio de este caso le dije que estaba dispuesto a estipular que la contribución de Roy al caso estaba valorada en 25.000 dólares.

Esto a pesar de que constan en autos hechos que demuestran que solo facturé y cobré la suma de 17.000 dólares por mi propio trabajo en esta parte del caso. He hablado con el Sr. Druyvestein y él está dispuesto a aceptar esta cantidad acordada, que ascendería a 78.205 dólares, para resolver el caso. Por favor, infórmeme, dentro de los diez días siguientes a la fecha de esta carta, si su padre estaría dispuesto a pagar esa cantidad a cambio de una exención de reclamaciones.

En caso de que no lo esté, conversaré con el Sr. Druyvestein y el Sr. Watson sobre cómo desean proceder con este asunto.

Bueno, el último sábado de octubre comienza la temporada de caza mayor. Principalmente cazando alces, una pasión mía desde que me mudé a Montana en 1964. Ya no tengo éxito muy a menudo, ya que tengo 79 años y probablemente no soy tan ágil como antes. En fin, voy a un campamento de caza de alces con amigos de toda la vida y normalmente nadie sale lastimado. Los alces no se lastiman y hasta ahora ningún cazador lo ha hecho, así que lo considero una cacería exitosa.

Cuando regresé el 8 de noviembre de 2014, le escribí un correo electrónico a Troy.

Troy:

Acabo de regresar de una cacería y recibí una copia de tu carta a Roy Gean. Me sorprendió bastante ver que le estábamos dando a Roy Gean un honorario de $25,000 por sus servicios. Creía que le estábamos pidiendo la devolución del dinero familiar. En otras palabras, $103,205. Lo que se omitió de la oferta fue que el juez Cox ordenó inicialmente la devolución del dinero a mi familia junto con intereses al 5,7%. También dictaminó que teníamos derecho a los honorarios legales por esa apelación. No veo motivo alguno para que el juez Cox cambie su razonamiento. Dado que Roy se hizo cargo de los fondos el 7 de agosto de 2009, los intereses hasta la fecha ascenderían a 138.075 dólares. Si se suman los costos de las apelaciones, el resultado es 144.775 dólares. Nuestra oferta, como mínimo, debería ser que Roy devuelva el dinero que inicialmente se llevó, que ascendió a 103,205 dólares.

Esta oferta es válida hasta el 1 de diciembre, fecha
después de la cual le solicito que fije una fecha de

prueba. Ya ha pasado el tiempo para que su oferta inicial se liquidara por $78,205, así que supongo que la han rechazado.

— Terry

(Mis notas: Me cuesta asimilar que este caso se ha prolongado durante más de siete años y finalmente hemos ganado todas las apelaciones, mientras que Roy ha estado dando largas a cada paso, causando demora tras demora al apelar cualquier decisión hasta la Corte Suprema de Arkansas. Se puede apelar una decisión, pero si se pierde, ¿por qué se detiene el tiempo y se vuelve a empezar? Les doy otro ejemplo:

Si recibieran dinero de un banco por error y luego les dijeran: "Realmente no debería tener que devolverles esto, y si intentan recuperarlo, los llevaré a los tribunales y apelaré si hay alguna decisión en mi contra". Después de siete años, pierden todos sus casos en primera instancia y en los tribunales de apelaciones, y no hay otros tribunales a los que puedan apelar. ¿Creen que el banco llegaría a un acuerdo con ustedes y solo les obligaría a devolver el capital? Sobre todo cuando un juez dictaminó en el pasado que la tasa de interés del dinero debía fijarse en el 5,7 %. ¡Denme un respiro! Hay algo mal en este escenario. No me extraña que los abogados alarguen los trámites. No se les penaliza por sus retrasos. Especialmente este tipo que falsificó registros, mintió y, en general, hizo todo lo legal (e ilegalmente) para retrasar el proceso, sin consecuencias. Además, Roy cobró una suma global de $103,250 por "ganar" el caso inicial. Obviamente, se suponía que eran honorarios de contingencia. No hubo facturación por hora, ni nada. Entonces, ¿por qué el tribunal le otorga honorarios razonables? Si aceptas el caso a contingencia y pierdes, no recibes nada. Sobre todo cuando no has hecho nada más que mentir sobre todo el proceso de facturación, falsificar registros de cobros por hora, etc. Si alguien que

no fuera uno de los "hermanos" hubiera hecho esto, estaría en la cárcel.

El sábado 8 de noviembre, Troy me responde por correo electrónico. Terry:

Desafortunadamente, la decisión de apelación no funciona así. La Corte Suprema ordenó al juez Cox que determinara el valor justo de los servicios de Roy y que le otorgara la diferencia entre esa cantidad y los $103,250. Por lo tanto, bajo ninguna circunstancia puede sumar $138,000 o $144,000. Definitivamente será menos de $103,000. Tendrá que pagar a un perito para que declare sobre el asunto, lo cual costará una cantidad considerable. Probablemente más de $5,000. Además, están los gastos de viaje. Revisé el trabajo de Roy cuidadosamente y creo que puede justificar $25,000 en honorarios. El juez Cox probablemente podría darle un poco más y no podría revocarlo en apelación. Sé que esto es complicado, pero así funciona la ley. Roy es acreedor de Lois y tiene derecho a quedarse con el dinero por el tiempo que dedicó. Pero no con la cantidad total. Así que podemos presionar si quieres. Pero creo que no obtendrás una mejor oferta y, además, tendrás que gastar dinero para conseguirla. Estoy de acuerdo en que esto no es justo. Pero no puedo cambiar la ley. Lo hemos llevado al tribunal superior de Arkansas y este fue su fallo.

-Troy

Bueno, ya no protesto y dejo que la oferta de Troy siga en pie, pero Roy no la acepta. Así que, le toca al juez Cox, a Roy Gean III y a Troy fijar los honorarios razonables que Roy debe pagar por sus servicios para que puedan determinar cuánto debo pagarme. Se decidió que un perito judicial examinará los antecedentes de Roy y determinará un valor justo por sus servicios. Como ya habrán adivinado, tengo el privilegio de pagar la mitad del costo del perito judicial. Piénsenlo un poco. Roy manipuló sus antecedentes para justificarlos en $103,250. Si los honorarios hubieran estado debidamente justificados por los antecedentes de Roy, podríamos haberlos usado, pero no, y ahora tengo que pagar la mitad para calcular los honorarios legales de Roy. La Corte Suprema de Arkansas dictaminó que Roy, aunque se equivocó en lo actuado por Roy y el juez Cox del Tribunal de Circuito, aún tiene derecho a honorarios razonables de abogado. Y, para colmo, debo pagar a un perito judicial para que determine el monto de dichos honorarios. Estos honorarios deben provenir de la evaluación de numerosos registros falsos, y sus conclusiones deben ser aceptables para ambas partes. Así pues, el 23 de diciembre de 2014, Troy presentó al juez Cox nuestra moción para el nombramiento de un perito judicial, así como una solicitud de audiencia y sentencia en nuestro caso. El nombramiento corresponde al abogado Bob Hornberger, y considera que 45 días deberían ser suficientes para llevar a cabo la investigación. Al menos, este informe del perito judicial es vinculante para ambas partes y, cuando esté en la fase final, deberíamos obtener una sentencia definitiva contra Roy Gean Jr.

Tras obtener una prórroga debido a que los registros de Roy Gean Jr. no se entregaron a tiempo, el Sr. Hornberger presentó su Informe del Perito Especial el 9 de marzo de 2015. Los 45 días previstos originalmente para realizar este trabajo se han convertido en casi tres meses. En resumen, el Sr. Hornberger cree, según su leal saber y entender, que Roy Gean Jr. prestó servicios a Lois Druyvesteyn por un monto de $22,860. En otras palabras, esta cantidad representa el trabajo que Roy completó dentro del plazo de la demanda original **de Terry Druyvestein contra Summit Brokerage Service y Lois Druyvesteyn.**

Troy solicita al juez que programe una audiencia para el 13 de abril de 2015 para determinar el monto de la sentencia que se impondrá contra Roy Gean Jr. Troy afirma que la sentencia será de

$80,345. Ahora le preocupa el cobro de la sentencia, basándose en la falta de cooperación de los Gean en el pasado. Parece que Roy Gean III comparte la misma opinión que su padre al respecto. Aunque obtuvieron el dinero invocando lo que Lois, al menos, sabía que estaba mal, y luego haciéndonos pasar por todos los trámites para demostrarlo, ahora tendremos que intentar recuperarlo. Estos siete años de demandas no tuvieron nada que ver con lo justificado ni con lo basado en la verdad. Las demandas solo buscaban corregir el error creado por Lois y Roy Gean Jr. al reclamar lo que no les correspondía. Se demostró hace mucho tiempo que la fianza se obtuvo por un error, cometido principalmente por Delta Finance. A pesar de esto, Roy Gean Jr. aún no muestra la actitud de tomar medidas para rectificar el error, solo la de impedir que se haga justicia y hacer todo lo legalmente posible para ocultar y proteger el patrimonio de quienes se llevaron el dinero indebidamente. ¿Dónde está la brújula moral de las personas, especialmente de los abogados, para hacer las cosas bien?

El 21 de agosto de 2015, le envié un correo electrónico a Troy, ya que no entiendo por qué no hemos cobrado nada tras obtener una sentencia contra Roy Gean Jr. hace más de tres meses.

Troy:

Me preocupa el enfoque que estamos adoptando para la devolución del dinero que Roy Gean Jr. le quitó a mi familia. Está bien si podemos obtener dinero de lo que me mencionaste o de cualquier interés que Roy tenga en cualquier otra cosa, pero el problema que me confunde es: "¿Por qué Roy no liquida lo que tiene y nos paga el dinero en efectivo?". En otras palabras, ¿por qué no nos entrega nuestro dinero? ¿Está en la miseria como Lois?

Pensaba que los fondos que Roy se llevó fueron al bufete de abogados Gean, Gean y Gean. Dado que le otorgaron $200 por hora por su trabajo, parece que el bufete de abogados de Roy debería ser responsable de pagarlo. Los $200 por hora representan una tarifa de cobro a cuenta de una empresa que incluye una parte por gastos de oficina, secretariado, etc. Trabajé en el negocio durante más de 30 años y nuestra tarifa de cobro incluía todos estos gastos, y no conozco ningún momento en que nuestra empresa no fuera responsable de las acciones de nuestros empleados. Entonces, la empresa de Roy recibió el cheque de Lois, ¿dónde está esa empresa ahora? Creo que la empresa de Roy, independientemente de quién la dirija ahora, es responsable de estas deudas.

Si la empresa de Roy no es responsable, entonces Roy Gean lo es personalmente. ¿Cuáles son sus activos? ¿Tiene alguna participación en Gean & Gean, el bufete de abogados? ¿Tiene Roy un coche, una casa, un fondo de jubilación? ¿Qué revelan sus declaraciones de impuestos? Quizás estoy equivocado con los cobros que estamos recibiendo, ya que son simplemente un pago preliminar y la mayoría de los fondos serán pagados pronto por Roy o su bufete. No puedo creer que Roy no tenga los fondos. Una persona que recibe $105,000 por el trabajo que hizo para Lois debe haber recibido muchos honorarios de otros en un corto período de tiempo, así que ¿dónde están ubicados? Parece que Roy tiene algunas preguntas importantes que responder, y pensé que en no más de 45 días, tenía que hacerlo. Además, ¿cuándo comienza a aplicarse el pago de intereses? ¿En el momento en que se dictó la sentencia o después de los 45 días? Por favor, denme su opinión.

El 24 de agosto de 2015, Troy respondió a mi correo electrónico. Terry:

-Terry

Los intereses comienzan a correr a partir de la fecha de la sentencia. El juez le dio 45 días para que nos proporcionara una lista de sus bienes. Si Roy depositó este dinero en una cuenta corriente y sigue ahí, simplemente embargaremos esa cuenta y se le devolverán los fondos. Entonces sabremos también de sus otros bienes. Estoy bastante seguro de que tenía una minivan, pero un coche y una casa están exentos de embargo según la ley de Arkansas.

Los Gean no tenían una LLC como te imaginas. En cambio, cada uno tenía su propia corporación. O al menos Roy Jr. tenía la suya. Investigué ese asunto.

Hace años, cuando estaba decidiendo a quién demandar. Hoy he verificado ese hecho para prepararme para responder a su mensaje. Si Roy hubiera trabajado para una LLC, habría demandado al bufete. Pero él era su propia empresa. Eso no es inusual para abogados veteranos. Dado que no es un acuerdo inusual en el ejercicio de la abogacía, no hay nada que podamos hacer para perseguir a sus hijos. En este caso, el dinero fue directamente a Roy y no pasó por el bufete. No me fío solo de su palabra. He exigido los extractos bancarios al final del plazo de 45 días. La forma de hacer negocios de Roy se ha vuelto ampliamente conocida en este ámbito y es bien sabido que, antes de que sus hijos maduraran, gobernaba con mano de hierro y, una vez que crecieron, se separó de su empresa y no les permitió tener acceso a su dinero. Desafortunadamente, no fue mucho más honesto con sus hijos que con usted. Me encantaría hablar por teléfono contigo para hablar sobre la estrategia. También podría ser recomendable para asegurarme de que entiendes cómo funciona la ley de cobros de Arkansas.

El 18 de enero de 2016, le escribí a Troy. Troy:

-Troy

Hace tiempo que no sé nada de ti. ¿Qué ha avanzado? ¿Qué opciones tenemos? No veo que las cosas avancen y veo que Roy desaparece de la escena. Han pasado casi nueve meses desde que obtuvimos una sentencia contra Roy y parece que no se ha logrado nada. No veo a Roy como un caso de asistencia social sin capacidad para pagar sus deudas. He preguntado repetidamente: ¿por qué no podemos obtener una copia de sus declaraciones de impuestos? ¿Por qué no le corresponde a Roy cumplir con la orden judicial?

El 23 de enero de 2016, Troy responde.

Terry:

Roy Jr. ha fallecido. Aún podríamos obtener su declaración de impuestos. No estoy seguro de que sirva de mucho, ya que no revelaría la ubicación de sus bienes. He realizado una búsqueda exhaustiva de activos, que creo que es mejor que consultar sus declaraciones de impuestos. Pero el primer problema que tenemos es que ahora sabemos adónde fue a parar su dinero. Fue al gobierno federal. Esa es una entidad de la que nunca recuperaremos el dinero. Pagó el dinero al IRS y al Estado de Arkansas para impuestos. Nuestro siguiente problema es que creo que Roy se había preparado bastante bien, años antes de nuestro caso, para estar a salvo de juicios. Su casa no estaba a su nombre, su edificio de oficinas fue escriturado a sus hijos y nietos en la década de 1990 o principios de la de 2000, y sus cuentas financieras eran mínimas. He estado investigando las transferencias de tierras que Roy realizó con la esperanza de encontrar una que podamos revertir si la realizó después de saber que lo íbamos a perseguir. Pero la única que he podido encontrar es la que ya te envié con un cheque. Todos estos son registros públicos, así que no es como si pudiera ocultárnoslos. También he buscado cualquier entidad comercial en la que pudiera tener participación. Incluso revisé las que estaban a nombre de su esposa y otros familiares para ver si había algo oculto. Me preocupa que el dinero que recuperamos de él antes de su muerte probablemente sea todo lo que vayamos a recuperar. El verdadero problema es que el gobierno es el cesionario. Si se tratara de un familiar suyo, una cuenta financiera o un acreedor, podríamos reclamarlo. Pero el gobierno no está obligado a devolver el dinero porque se les debían los impuestos. No hay mucho que hacer en este momento. Evidentemente, tenemos que reclamar el dinero, y el gobierno ya lo tiene. No podemos reclamar a la familia Gean sin probablemente presentar una nueva demanda contra ellos por transferencia fraudulenta. Quizás podamos reclamar el dinero pagado al IRS, argumentando que realmente era dinero de nuestra familia y, por lo tanto, estamos solicitando una deducción de impuestos por la misma cantidad. Ni siquiera añadiremos intereses. ¿Quizás pueda involucrar a mis congresistas para que me ayuden a defender mi caso? Quizás deba simplemente admitir la derrota... ¿Quizás esto finalmente haya terminado?

EPÍLOGO

Nueve años después del fallecimiento de mi tío H. J. (Humpy) Druyvesteyn, me encuentro al límite de mis opciones. Me han reembolsado los honorarios legales, el consejo especial, los peritos y el reembolso básico de gastos de viaje. Este total asciende a unos 60.000 dólares, que Linda nos devolvió en su acuerdo final. También forzamos la venta de algunas propiedades de Roy Gean Jr., que posteriormente pasaron a manos de Troy, y el importe final se distribuyó entre mis hermanos y yo. Dividimos las ganancias en partes iguales y cada uno recibió 4.231 dólares. Así que, básicamente, después de luchar durante 9 años por lo que indudablemente debía ir a mi familia, la fianza de 208.830,72 dólares que Roy y Lois recibieron inicialmente, terminó siendo de 25.380 dólares para nuestra familia, y nos quedamos un poco cortos. Me siento mal por esto, ya que Humpy se sentiría decepcionado. Habría ayudado especialmente a varios de mis hermanos y hermanas, y si no se hubiera retrasado tanto, también habría sido una gran satisfacción para mi madre. No tanto por el dinero, sino por la satisfacción de que Humpy reconociera la gran contribución que mi padre, Tom, había hecho en sus numerosos viajes a Arkansas para ayudarlo a recuperarse tras una borrachera. Eso dice mucho del amor que nuestro padre sentía por su hermano menor.

 ¿Qué opciones realistas tengo para seguir adelante con el caso? Como ha dicho Troy, sabemos adónde fue a parar el dinero, que es al IRS, y no puedo demandar al gobierno para recuperarlo. Sé que es un callejón sin salida, pero me cuesta aceptar que, dado que Roy usó el dinero, que el Tribunal ha declarado que era nuestro por derecho, para pagar sus deudas anteriores con el IRS, no tenemos ningún recurso para recuperarlo.

Apuesto a que si Roy me hubiera pagado dinero obtenido ilegalmente del gobierno, tendría que devolvérselo. ¿Qué opinas? En definitiva, fue Roy quien recibió dinero que no le correspondía, así que debería ser Roy, o en este caso, su patrimonio, quien tiene el problema de recuperar el dinero de donde sea necesario. ¿Por qué debería ser mi problema? Este es un problema que, según mi abogado, "no tiene solución". Nuestro sistema judicial, a través del tribunal, ya ha tomado la decisión a nuestro favor. Entonces, ¿por qué no podemos obtener una compensación financiera? ¿Porque el dinero obtenido ilegalmente se usó para pagar al IRS? Si una persona estafa a un banco para pagar lo que le debe al IRS, ¿se queda el IRS con el dinero? Sinceramente, no sé la respuesta.

Troy ha dicho que Roy prácticamente protegió su patrimonio de los acreedores. Me parece una farsa de la justicia. Roy básicamente toma $103,000 del bono que debía ir a mi familia y se los paga al IRS por impuestos morosos. ¿Fin del caso? Su esposa está bien adinerada con su casa, su auto y, supongo, con inversiones para la jubilación. Troy me dijo desde el principio que creía que Roy era rico, así que dudo de que no exista un fondo en alguna parte. Su bufete, a nombre del cual se depositó el cheque, y no a Roy Gean Jr. personalmente, supuestamente era una empresa fantasma y no tiene activos. Los otros Gean del bufete quieren hacernos creer que operan de forma independiente, pero su bufete se llama Gean, Gean y Gean, creando así la ilusión de un grupo de abogados disponibles para cuidar de sus clientes, pero no, desde el punto de vista de la responsabilidad, no hay nada ahí. Creo que mi abogado está cansado de este caso y no está dispuesto a continuar la batalla. Tiene conflictos personales con la familia Gean y quizás tenga reservas para continuar nuestro caso con el juez Cox. Creo que continuar tampoco tiene mucho que ganar. El juez Cox, en particular, me preocupa que no tenga una audiencia justa. Todos quieren que me vaya y parece que conseguirán su deseo.

Me gustaría revisar cómo el tema de la "verdad" y la justicia influye en todo este caso. ¿Quién dijo la verdad? ¿Quién se benefició de la verdad? No siempre fue la persona que dijo la verdad, al menos no a corto plazo.

Veamos cómo empezó todo. Humpy acudió a su asesora financiera, Donna Young, y le pidió que me asignara la transferencia por fallecimiento (TOD) de un bono de Ford Motor Company. Al principio, Donna hizo su trabajo y me llamó para informarme sobre los deseos de Humpy, quien le proporcioné la información necesaria para que me asignara la transferencia por fallecimiento. Tras su fallecimiento, me dijo que si esperábamos hasta abril, en lugar de cobrar el bono inmediatamente, recibiríamos el valor total del mismo y no tendríamos que asumir la terrible penalización que sufrió Lois al cobrar el suyo inmediatamente. Entonces las cosas se complicaron. Donna "olvidó" la fecha de vencimiento de abril y dijo que tendríamos que esperar seis meses más, o hasta octubre si queríamos cobrar el valor total. Creo que ahora hay algo de verdad, porque después de unos cuatro meses, recibí una notificación de Summit Brokerage indicando que Lois había sido notificada de que ella era la beneficiaria legal del bono. Esto ocurrió después de haber abierto una cuenta a mi nombre y haber esperado pacientemente la fecha de vencimiento. Recibo este aviso sin previo aviso ni correspondencia de Donna. Por lo tanto, Donna no ha sido sincera sobre lo que ha estado sucediendo tras bastidores. Parece claro que los abogados de Summit descubrieron el error en los registros de TOD y le dijeron a Donna que pospusiera todo hasta que se resolviera el conflicto en los registros.

Los abogados de Summit determinan que los registros muestran que Lois es la beneficiaria. Donna sabe que esto no es cierto. Sabe que ha cometido un error, pero acepta esperar. Dejo a su criterio si la espera fue para que transcurriera el plazo de prescripción de tres años para este tipo de error antes de que ella dijera la verdad. Eso es lo que sucede. El plazo de prescripción para este tipo de error se aprueba el 21 de julio y en agosto Summit envía la carta a Lois con la noticia. Para mí, no cabe duda de que estas personas usaron la ley para ocultarse de la verdad. La discrepancia en los documentos requeriría exponer su error administrativo y no podían permitirlo, ya que podría costarles dinero. Mi abogado, Troy, permite que se les desestime la demanda. Donna entonces comienza a decir la verdad, tanto en su declaración como en el tribunal de circuito. Dijo que cometió un error, probablemente al rellenar el número de cuenta después del hecho. Pero el juez del circuito no cree que su testimonio sea veraz o teme contradecir el documento legal escrito porque desconoce la ley sobre un error involuntario. En retrospectiva, si Donna no hubiera dicho la verdad, probablemente nunca habríamos podido revocar la decisión del juez en apelación. Entonces, ¿cómo afectó a Donna decir la verdad? Bueno, aferrarse a la verdad hasta que el plazo legal expirara quizás les ahorró mucho dinero a ella y a Summit al no cuestionar sus prácticas contables descuidadas. Ojalá Ella había informado del error a todas las partes inicialmente, y todos estos juicios no habrían sido necesarios. Quizás habría habido muchos más, pero podríamos haber tenido mucho mejor suerte. El gran culpable aquí fue Summit Brokerage y sus abogados, quienes no estuvieron dispuestos a escuchar la verdad cuando Donna se la contó. No querían escuchar nada que pudiera exponerlos a alguna responsabilidad.

Ahora veamos a Lois y la veracidad de su testimonio. De eso se trata; no hubo testimonio de Lois. ¡Nunca tuvo que hacerlo! Lois estaba presente cuando Humpy reiteró lo que quería hacer con la fianza, que me la dejaba a mí y que sabía que yo haría lo correcto. Así que, aunque Lois sabía la verdad, sus acciones hablan por sí solas: ella definitivamente no iba a dar un paso al frente y decir la verdad. Ella conspiró con Roy Gean Jr. para obtener lo que creían posible al reclamar la posesión del bono, lo que causó mucha angustia y dolor para mí y mi familia. Además, Lois actuó rápidamente para ocultar sus bienes de la verdad. Al menos participó en la transferencia de la propiedad a su hija Linda. ¿Y cómo benefició esto a Lois al final? Ciertamente benefició a su patrimonio, pero dudo que ella personalmente se beneficiara tanto. Si tan solo hubiera testificado la verdad, se podrían haber evitado todos estos procedimientos judiciales. Esto sin mencionar que sería enterrada por su exmarido y Humpy sería enterrado en paz por su esposa Bobbie. Ahora me pregunto cómo irá esa situación. ¿Crees que los espíritus de la gente pueden arreglar las cosas? ¡Mmm! Solo puedo esperar.

¿Y qué hay de Roy Gean Jr.? No hay debate sobre esto. Roy nunca dijo la verdad porque no le servía de nada, incluso si hubiera sido capaz de reconocerla cuando la tenía delante. No sé si fue por ser abogado o si simplemente estaba tan ansioso por conseguir el dinero de la fianza que ignoró por completo la verdad. Me parece inverosímil que Roy no se diera cuenta de la verdad, que simplemente se hubiera cometido un error. Pero el sistema legal no funciona así. Un abogado debe defender a su cliente lo mejor posible. No tengo reparos en eso, pero tengo grandes dudas sobre todas las mentiras que Roy mintió para justificar sus honorarios exorbitantes y también por ocultar todos sus bienes de cualquier juicio futuro. Ambas acciones demuestran claramente que Roy no respetaba la verdad. ¿Se benefició Roy al no decir la verdad? Puedes apostar tu trasero a que sí. Además de tener que presentar una defensa muy vigorosa, pero descuidada, Roy se quedó con la mayor parte de sus ganancias ilícitas. El tribunal incluso le permitió inventar una nueva factura por sus servicios, lo cual fue una farsa, y solo devolvió $25,380. El resto lo protegió haciendo que su patrimonio fuera legalmente accesible. En mi opinión, esto deja en muy mal lugar a todo el sistema judicial, tanto jueces como abogados. ¿Y qué hay de Linda, la hija de Lois? A primera vista, parecería que Linda fue bien entrenada por Lois. Dicen que de tal palo tal astilla. Inicialmente,

Linda le dijo a mi esposa que "no querían quedarse con el dinero de su fianza". Más tarde, ella diría: "Hable con mi abogado, Roy Gean Jr., sobre eso". Creo que Linda se encontró principalmente en la situación de ser la beneficiaria inesperada del patrimonio de su madre y tenía un miedo terrible de que los gastos de manutención de Lois lo redujeran demasiado. Quién sabe cuál fue su motivación, pero si podía aumentar su patrimonio tomando la fianza, Sabía que no le pertenecía, así que mucho mejor. Ella era la beneficiaria de todos los bienes de Lois: sus dúplex, su casa, su dinero, su otro bono y quién sabe qué más. Estaba muy decidida a reducir el patrimonio neto de su madre y transferirlo a su nombre. Le preocupaban mucho los cinco años que tendría que pagar los gastos de su madre antes de poder considerar las propiedades a salvo de la gente de Medicaid. Linda estaba decidida a transferir las propiedades para protegerlas de futuras demandas, ya fuera del gobierno o de nuestra demanda, de la cual era totalmente consciente desde el principio. Linda se escudaba en la ley para poner las propiedades de su madre fuera de su alcance.

Linda, junto con su abogado Roy Gean Jr., actuaron de forma excepcional para que Lois nunca se presentara a una declaración jurada. Lo impidieron durante más de cuatro años. Hacia el final de la vida de Lois, Linda consiguió que un médico le dijera que no era competente para prestar declaración jurada ni para comparecer ante el tribunal. Me parece bastante increíble, ya que vivía en una residencia de ancianos y no en una residencia de ancianos.

No creo que las personas que viven en residencias de ancianos sean incompetentes ni incapaces de responder preguntas. Otra mentira. Me pregunto si toda esta batalla legal fue beneficiosa para Linda. Estoy seguro de que tuvo muchos gastos legales. Primero, pagó, o mejor dicho, Roy Gean Jr. simplemente se llevó, aproximadamente la mitad del dinero de la fianza por sus honorarios. Luego tuvo que pagarle a otra abogada, Paige Young, una cantidad desconocida para quedarse con su mitad de la fianza, y al final tuvo que pagar 60.000 dólares para llegar a un acuerdo con mi familia. Supongo que esto demuestra cómo el dinero, especialmente el ilícito, simplemente se esfuma. En el caso de Linda, le pagó a Roy 103.000 dólares y, con nuestros 60.000 dólares más su abogado, diría que pagó al menos 175.000 o 180.000 dólares por intentar obtener la propiedad de la fianza, que ascendía a 208.000 dólares. Bueno, supongo que eso es mejor que lo que pagó mi familia. Así que, al no admitir la verdad, obtuvo una buena ganancia. Esto no incluye la herencia de bienes de su madre, que pretendía ocultar al gobierno. Solo espero que Hacienda audite sus declaraciones de impuestos.

Tengo que mencionar a mi esposa, Loretta. Loretta es una persona directa. La verdad es que es demasiado directa. Loretta dice la verdad, y cuando dice que Linda le dijo: "No intentamos quitarle su dinero", eso es lo que dijo. Les daré un ejemplo de cómo piensa Loretta y, por lo tanto, todo tiene que ser correcto. Este es un ejemplo hipotético de un interrogatorio.

> Pregunta: Entonces, ¿estaba usted presente cuando su tío Humpy tomó a Terry aparte y le dijo específicamente qué hacer con la fianza? Respuesta: Ah... no.
>
> P: ¿No?
>
> R: Sí.
>
> P: Pero antes me dijo que estaba presente, ¿verdad? R: Bueno, sí, pero Humpy no lo tomó aparte, ¡estábamos en el desayuno!

Así que tiene que obtener los datos correctos y así obtendrá la respuesta correcta.

El juez Cox es un caso interesante. No tenía ningún interés financiero en nuestro caso. Estaba involucrado exclusivamente para hacer justicia. El juez Cox se empeñó en hacer lo que dictaba la ley. Se centró poco en descubrir la "verdad". Troy presentó su caso bajo la LEY DEL ERROR Y EL FIDEICOMISO CONSTRUCTIVO. Esta ley preveía la devolución de dinero a una primera parte, mediante un fideicomiso constructivo, cuando dicho dinero se entregaba "injustamente" a una segunda parte como resultado de un error de un tercero. Esto, en nuestro caso, resultó en un "enriquecimiento injusto" de la segunda parte. El juez Cox nunca entendió la parte del "error". Le gustaba fijarse únicamente en lo que la ley revelaba en el documento TOD, en lo que decía el documento, no en lo que decían quienes lo completaban. Un "error" era un concepto que no quería abordar. Si hubiera buscado más la "verdad" que la letra de la ley, la ley equivocada, habría llegado a la conclusión de que con la ayuda de la verdad se podía hacer justicia. ¿Se benefició el juez Cox de la verdad? Si hubiera sido más astuto al buscar la verdad, sin duda se habría beneficiado al evitar dos decisiones obviamente embarazosas del tribunal de apelaciones. Realmente cuestiono su decisión de dejar a Roy Gean Jr. fuera del caso.

La Corte Suprema también me hace preguntarme cómo estaban pensando y si siquiera conocían todos los hechos del caso. Fallaron a nuestro favor, pero luego nos dijeron que debíamos pagarle a Roy unos honorarios razonables por sus servicios. Roy, obviamente, aceptó el caso con Lois a cambio de honorarios contingentes, cobrando así la exorbitante suma de $103,000. Luego intenta mentir al respecto, afirmando que tenía un "contrato regular" entre abogado y cliente. Inventa registros falsos de facturación por hora para demostrar que es un contrato regular. Para su consternación, estos son cuestionados y se demuestra que son absolutamente falsos e inventados. El tribunal dice: "De acuerdo, pero aun así debemos pagarle unos honorarios razonables por sus servicios". ¿Por qué? Cuando las empresas incurren en este tipo de comportamiento, los tribunales suelen estar dispuestos a imponerles daños "punitivos" para persuadirlas de que no lo repitan. Creo que, especialmente en la profesión jurídica, los tribunales superiores querrían preservar una imagen de imparcialidad y veracidad, y no perpetuar la de recompensar a un abogado estafador por cargos irrazonables y poco éticos. La forma en que Roy trataba a sus clientes y se comunicaba con ellos era en sí misma poco profesional. Sin embargo, al final no importó, porque Roy ocultó todos sus bienes "tras la ley".

Ahora tenemos que lidiar con mi abogado, Troy. Troy empezó mal al buscar la verdad. Quizás fue porque tuvo que lidiar con Lois anteriormente en una demanda por Jon Rose. Troy estaba obsesionado con el hecho de que Lois no era una persona honorable. Lois engañaba, robaba y mentía para conseguir lo que quería. También corrían rumores entre los amigos de Humpy y la familia Rose de que Lois quería deshacerse de Humpy. No había pruebas de que hiciera todo esto intencionalmente o con fines delictivos; sin embargo, actuó en contra de los intereses de Humpy. En cualquier caso, Troy inicialmente estaba obsesionado con un caso en el que alegaríamos que Lois ejerció "influencia indebida" y/o incapacitó a Humpy para obligarlo a cambiar el tiempo de la fianza. Sin embargo, Troy logró un avance importante al buscar en la ley estatutos que respaldaran nuestros argumentos conocidos para el caso, y estos se basaban en la "verdad". La verdad era que se había cometido un error, intencional o inconsciente. Troy finalmente aceptó esta verdad e hizo un buen trabajo representando los intereses de mi familia. Desafortunadamente, creo Que cuando finalmente entró en razón, no tuvimos tiempo suficiente para preparar adecuadamente nuestro caso original, un caso que quizá no habríamos perdido si nos hubiéramos centrado completamente en la verdad.

Me decepciona que Troy no haya insistido más en Summit. El hecho de que demoraran el proceso hasta que transcurriera el plazo de prescripción de tres años antes de decirle a Lois que ella era la legítima propietaria del bono es demasiado para considerarlo una coincidencia. No dudo de que el equipo legal de Summit hubiera sido un enemigo formidable; sin embargo, ojalá hubiéramos intentado desenmascararlos por su maniobra legal. Quizás podríamos haberles dado una lección.

Troy también tuvo presión, estoy seguro, de colegas abogados y jueces. No se demanda a un colega abogado en la pequeña ciudad de Ft. Smith, Arkansas, sin que todo el mundo lo sepa. Sobre todo cuando conoces a toda la familia del abogado y vas al mismo gimnasio que el "abogado mayor". Troy mencionó una vez que vio a Roy Jr. en el club y que Roy no tenía muy buen aspecto. También me pregunto sobre la relación de Troy con el juez Cox. Idealmente, creo que no hay problema con que los jueces guarden rencor contra los abogados jóvenes; sin embargo, no veo cómo se puede ignorar por completo. Troy tuvo que apelar dos decisiones del juez Cox y contratamos a un especialista, Brett Watson, para que preparara la apelación del caso personal contra Roy. Eso, en opinión de un profano, fue una refutación contundente del razonamiento jurídico del juez. En cualquier caso, ¿se benefició Troy de la verdad? Primero, creo que siempre intentó decir la verdad y actuó en consecuencia. Segundo, siempre me cobró una factura justa y detallada, nada que ver con la de Roy. Creo que Troy cometió un gran error al principio del caso: no hablar conmigo sobre cómo mantener el dinero de la fianza en fideicomiso con el tribunal hasta que se procesara la apelación. Resultó que ganamos la apelación, pero el dinero se había esfumado y pasamos el resto del tiempo persiguiéndolo. Si sabes cuál es la verdad, debes tener confianza en que prevalecerás. No creo que Troy confiara en que prevaleceríamos en la apelación. No confiaba en que el sistema legal defendiera la verdad. Sabía que el sistema legal no se basa en la verdad, sino en lo legal. Yo, en cambio, era ingenuo y tenía una gran confianza en que la verdad prevalecería en la apelación. Si hubiera sabido entonces lo que sé ahora, no habría tenido tanta confianza.

En última instancia, tengo que analizarme a mí mismo para ver dónde me equivoqué. Tengo la última palabra sobre cuándo he tenido suficiente, cuándo creo que debería haber dicho más o haber evaluado las cosas con más detenimiento. Al principio, Troy me preguntó cómo quería gestionar el pago de los servicios prestados. Me dio la opción de pagar un anticipo y luego las facturas mensualmente, lo que se basaría esencialmente en una escala de honorarios por hora. Otra alternativa sería que los servicios se pagaran sin pago inicial ni ningún riesgo financiero por mi parte. En cambio, el bufete recibiría un reembolso con un porcentaje del dinero que esperábamos recuperar de la demanda contra Lois. Ese porcentaje sería un tercio del total. En ese momento pensé que era una obviedad. Pensé que aceptar pagar cerca de 70.000 dólares simplemente por ir a un caso judicial único y exponer los hechos sería una compensación excesiva para cualquier bufete. Troy también había dicho que un litigio típico de un caso que antes era bastante simple costaba entre 12 mil y 15 mil dólares. Como dije, era obvio, o eso creía.

Al principio pensé que debía tratarse de un simple error. Un error que podía identificarse y corregirse fácilmente. Esta idea se vio respaldada inicialmente cuando Donna Young abrió una cuenta para recibir el dinero de la fianza de Humpy. Lois también expresó su preocupación y me apoyó, sabiendo que recibiríamos el dinero de nuestra fianza. Lo que no entendía es que no existe un "simple error". No me di cuenta de lo difícil que sería descubrir la verdad. También llegué a pensar que quizás alguien cometió un error intencionalmente. ¿Fue Lois? ¿Fue Donna Young y Summit Brokerage? Tenían mucho que ganar encubriendo un error. Había un aire sospechoso en torno a la demora y ejecución de las instrucciones de mi tío.

Un abogado suele trabajar a porcentaje, y veo que este sistema tiene sus ventajas. No todas las partes están dispuestas a descubrir la verdad. No todas tienen el mismo objetivo. ¿Qué es la verdad? Cada parte tiene su propia agenda y su propia opinión, no sobre la verdad, sino sobre lo que la ley permite. Cada abogado tiene su propio cliente al que representar; el objetivo no es lo correcto ni lo incorrecto, sino brindarle la mejor representación legal. En este caso, el juez es esa persona. La labor del abogado es, entonces, suprimir cualquier cosa que perjudique al cliente y presentar ante los jueces cualquier hecho que lo favorezca. Su labor es convencer claramente al juez de que su cliente desea la justicia que la ley otorga. Corresponde al juez determinar cuál es, entonces, la "verdad" con respecto a la ley.

Siempre he creído que nuestro sistema tributario debería estructurarse de modo que todos paguen impuestos. Independientemente de si se tienen ingresos muy modestos, es necesario pagar impuestos modestos. La idea principal es que "todos deben participar". Esto hace que una persona aprecie cuando todos hemos participado para ayudarnos mutuamente, que todos hemos contribuido. Tenemos responsabilidad. Nos esforzamos más.

Esta forma de pensar también se aplica a la contratación de un abogado. Sin embargo, creo que no debería importar; siendo realista, parece que así es como funciona el sistema. El abogado puede trabajar mejor para usted cuando tiene un mayor incentivo financiero para rendir al máximo nivel. El abogado trabaja para usted, pero ¿está comprometido con el proyecto? De hecho, cobrar depende de su esfuerzo y desempeño profesional. La pregunta es: ¿trabajará más el abogado con una comisión o por hora? Tiene que decidir. Así que decidí por la tarifa por hora, pero me pregunto si tomé la decisión correcta. ¿Troy habría trabajado de manera diferente si lo hubiera contratado a comisión? ¿Habría hecho alguna diferencia? ¿Se habría dado cuenta Troy de que fue un error lo que causó este desastre? ¿Habría cambiado su enfoque y se habría concentrado antes en quién se beneficiaría de este error, o también quién sería el más perjudicado por su exposición? Supongo que nunca lo sabré, pero fue en el último momento cuando Troy abandonó su creencia de que los registros eran Cambió debido a la "influencia indebida" ejercida por Lois, y se convirtió en la creencia de que se trataba de un caso de la Ley del Error y la Confianza Construida. Reconozco el mérito de Troy, quien trabajó diligentemente a medida que nos acercábamos al primer juicio para estudiar los hechos del caso y llegar a esta conclusión. Sin embargo, me pregunto si habría sido diferente si lo hubiera descubierto antes. Si hubiera tenido algo en juego, ¿habría estado más centrado y abierto a otras opciones? También existe la idea de que uno ve estas cosas mejor en el espejo retrovisor que en el futuro. Pasé por alto muchas cosas que estaban por venir, y la retrospectiva es, de hecho, mucho más clara. Por otro lado, descubrí mucho sobre nuestro sistema de justicia y lo difícil que es encontrar y comunicar la "verdad". Me siento realmente aliviado y agradecido de aceptar los veredictos y las batallas que finalmente ganamos. La verdadera "verdad" es que finalmente ganamos. Gracias a las conclusiones y fallos tanto del Tribunal de Apelaciones como del Tribunal Supremo del Estado, logramos que el sistema declarara la "verdad". Esto es muy satisfactorio y, en sí mismo, gratificante para nuestra familia y para la memoria de nuestro tío Humpy. Quizás no se administró justicia por completo, pero "la verdad es lo que nos hace libres".

Cerrando mi argumento

Comencé este relato de un suceso real de mi vida contándoles sobre un juez de hace unos 2000 años. Le preguntó a un acusado de "mentir" por haber dicho ser Rey: "¿Eres tú entonces Rey?". El hombre respondió: "Para esto he nacido, he venido al mundo para dar testimonio de la verdad; todo el que es de la verdad escucha mi voz". Pilato respondió: "¿Qué es la verdad?".

La postura legal de los judíos era que Jesús había quebrantado sus leyes al afirmar ser el Hijo de Dios y Rey de los judíos. Finalmente, Jesús fue condenado a ser crucificado por decir la "verdad". No es de extrañar que la "verdad" sea difícil de encontrar.

La familia Druyvestein
Mike, Don, Terry, Virginia, Donna, Karen

Todo lo que he escrito en este libro es un relato verídico de hechos reales, tal como sucedieron. Siempre me han gustado los finales felices, así que me permito compartir con ustedes estas reflexiones finales. Son, por supuesto, bastante especulativas, pero ¿qué más da? ¡Hay que soñar un poco! Así que, a partir de ahora, usaré una tipografía diferente para indicar que esto es un sueño y que puede o no ser cierto. Tendrán que decidir qué partes son ciertas y cuáles son especulaciones.

Si están leyendo este relato, es solo porque una editorial ha identificado un público al que dirigir mi libro. Por lo tanto, solo gracias a que hemos encontrado una editorial y a su interés, yo, como autor, recibiré regalías o una pequeña comisión por cada libro vendido. ¿Qué opinan después de terminar la lectura? Si les gustó el relato verídico, pueden soñar con un final feliz y yo soñaré con ustedes. Es posible que se vendan muchos ejemplares a un público amplio. Con suficientes libros que hayan gustado a muchos lectores como usted, se cumplirían los deseos de mi difunto tío Humpy de dejar una parte de su herencia a mi familia. Me alegrará saber que he cumplido con la tarea de distribuir la herencia de Humpy entre nosotros. Poco consuelo encontrarán quienes intentaron sacar provecho del error en los registros. Ellos fueron quienes me inspiraron a escribir este libro, y solo gracias a sus malas acciones la verdad puede ahora salir a la luz. ¡Gracias!

Ahora imaginen esta escena: Mis hermanos y yo, excepto Donna, que no tenía fuerzas para este viaje, hemos llegado a Cabo San Lucas, México. Nos hemos alojado en el Pueblo Bonito Rose, un resort cerca del extremo sur de la península de Bahía California. Nos reunimos en la Suite Presidencial del cuarto piso del Rose. Nuestra habitación tiene vistas al golfo de California y la vista es espectacular.

Las aguas cristalinas de color azul verdoso y la playa de arena marrón claro, aparentemente interminable, parecen extenderse hasta el infinito hacia el norte. Hacia el sur miramos lo que es Se llama

"Fin de la Tierra", un promontorio rocoso con una pequeña franja de arena conocida como "Playa de los Enamorados".

Vamos vestidos con nuestras mejores galas, es decir, pantalones largos y camisa. Imos a dar un paseo en barco al atardecer y quizás a comer algo ligero. Bajamos hasta el nivel del suelo cerca de la piscina y nos dirigimos a las escaleras principales que descienden a la playa de arena que habíamos visto desde arriba. Nos quitamos las sandalias y caminamos por la arena hasta el Mar de Cortés. La arena aún está caliente por el sol del día, pero no resulta incómoda. El mar está bastante tranquilo, pero las olas siguen subiendo y bajando suavemente por la orilla, mojándonos los pies, aunque solo unos centímetros.

Hay algunos vendedores ambulantes, que llegan tarde pero siguen vendiendo sus productos. Uno de ellos se nos acerca vendiendo sombreros de paja. Le pregunto: "¿Questa, quinta?", en mi mejor pero limitado español. Ignora mi intento de español y responde: "50 dólares estadounidenses". Niego con la cabeza y digo: «¡No, no, es demasiado!». Él ve que estamos interesados y pregunta: «¿Cuántos?». Respondo: «Cinco, uno para cada uno». Venimos de una familia de rancheros, así que a todos nos gustan los sombreros de vaquero. Él titubea un poco y dice: «30 dólares». Intento mantener la compostura y pregunto: «¿Por los cinco?». Sonríe, pero niega con la cabeza y dice: «No, no, por cada uno». Parezco estar pensándolo y hago una contraoferta: «¿Qué tal 20 dólares cada uno?». Llegamos a un acuerdo y cerramos el trato por 25 dólares estadounidenses. Nos despedimos amistosamente y ambos creemos que hicimos un buen negocio.

Continuamos por la playa unos 30 metros hasta llegar al embarcadero del taxi acuático. El agua está en calma, así que subimos fácilmente a la lancha. Nos llevan mar adentro, a unos 400 metros, hasta donde está anclado nuestro barco para el crucero al atardecer. El barco es un yate magnífico. De hecho, es uno de los yates más bonitos de Los Cabos. Casi siempre está anclado y se ve fácilmente justo frente a los resorts Pueblo Bonito, el Blanco y el Rose. Es propiedad de Dennis Washington, quien, como yo, es de Missoula, Montana. Es un empresario y capitalista de riesgo muy exitoso y aún pasa bastante tiempo entreteniendo a sus amigos en Cabo. Nos acercamos y le preguntamos al capitán del yate si podemos abordar. "Permiso concedido", y subimos a la cubierta de la embarcación más hermosa que jamás haya visto. El Sr. Dennis Washington no está allí, pero el capitán y la tripulación nos estaban esperando. La tripulación levó anclas y partimos para nuestro crucero al atardecer justo a tiempo. El sol está bajo en el horizonte, no hay viento y el mar está en calma. El yate avanza lentamente hacia el sur, rumbo al extremo de la península de Baha. Nos ofrecen una bebida y la aceptamos con una sonrisa, pero aún no la bebemos. Nuestro yate deja atrás la última masa de tierra y aparece ante nosotros el arco de roca natural de «Fin de la Tierra». El sol se está poniendo al pie del arco. ¡Qué maravilla natural tan magnífica! La roca emerge del mar y, al arquearse sobre las aguas, ofrece una vista espectacular del océano Pacífico, donde en el horizonte el sol se hunde cada vez más en las profundidades de la creación de Dios. Y Él lo creó para todos nosotros.

Levanto mi copa para brindar. Chocamos nuestras copas al alzarlas. Digo: «Por el abogado de Arkansas». Mis hermanos repiten: «Por el abogado de Arkansas».

FIN